PEREQUAÇÃO
TAXAS E CEDÊNCIAS

JORGE CARVALHO
FERNANDA PAULA OLIVEIRA

PEREQUAÇÃO
TAXAS E CEDÊNCIAS

ADMINISTRAÇÃO URBANÍSTICA EM PORTUGAL

(3.ª REIMPRESSÃO DA EDIÇÃO DE FEVEREIRO/2003)

PEREQUAÇÃO – TAXAS E CEDÊNCIAS

AUTORES
JORGE CARVALHO
FERNANDA PAULA OLIVEIRA

EDITOR
EDIÇÕES ALMEDINA, SA
Av. Fernão de Magalhães, n.º 584, 5.º Andar
3000-174 Coimbra
Tel.: 239 851 904
Fax: 239 851 901
www.almedina.net
editora@almedina.net

PRÉ-IMPRESSÃO | IMPRESSÃO | ACABAMENTO
G.C. – GRÁFICA DE COIMBRA, LDA.
Palheira – Assafarge
3001-453 Coimbra
producao@graficadecoimbra.pt

Setembro, 2008

DEPÓSITO LEGAL
190996/03

Os dados e as opiniões inseridos na presente publicação
são da exclusiva responsabilidade do(s) seu(s) autor(es).

Toda a reprodução desta obra, por fotocópia ou outro qualquer processo,
sem prévia autorização escrita do Editor,
é ilícita e passível de procedimento judicial contra o infractor.

Biblioteca Nacional de Portugal – Catalogação na Publicação

OLIVEIRA, Paula Oliveira

Perequação taxas e cedências: administração urbanística
em Portugal. - 3ª reimp. - (Guias práticos)
ISBN 978-972-40-1826-3

I - CARVALHO, Jorge, 1948-

CDU   349

NOTA PRÉVIA

Em 1998, numa pequena publicação elaborada a partir de um estudo realizado a propósito de um projecto de *Regulamento Municipal de Taxas e Cedências Urbanísticas* (cfr. *Breve Reflexão sobre Taxas Urbanísticas em Portugal*, Coimbra, CEFA), tivemos oportunidade de reflectir sobre a possibilidade de utilização das taxas urbanísticas como mecanismos de perequação de benefícios e encargos decorrentes da actividade administrativa urbanística.

Tratava-se de um exercício que só pode ser entendido se tivermos em consideração a situação legal à altura: a da inexistência, no nosso ordenamento jurídico, da previsão do princípio da igualdade como um dos objectivos dos planos urbanísticos, e também, por consequência, a inexistência de mecanismos de perequação tendentes a superar a desigualdade por eles introduzidas.

Como tivemos oportunidade de afirmar na nota prévia à referida publicação, a realidade começava, no momento em que o estudo foi publicado, a mudar, com a publicação da Lei de Bases da Política de Ordenamento do Território e do Urbanismo (Lei n.º 48/98, de 11 de Agosto), cujo artigo 18º veio determinar expressamente que *"Os instrumentos de gestão territorial devem prever mecanismos equitativos de perequação compensatória, destinados a assegurar a redistribuição entre os interessados dos encargos e benefícios deles resultantes, nos termos a estabelecer na lei"*.

Foi este diploma que serviu de base ao Decreto-Lei n.º 380/99, de 22 de Setembro que estabelece o Regime Jurídico dos Instrumentos de Gestão Territorial, e em cujos artigos 135º a 142º se passou a regular esta matéria.

Com uma realidade legal tão diferente, mas uma prática municipal ainda incipiente neste domínio, pensamos ser esta uma oportunidade para repensar a questão da perequação de uma forma agora mais ampla, com a intenção de fornecer aos municípios modelos possíveis de actuação.

Uma reflexão geral sobre a realidade urbanística no nosso país, a apresentação de um modelo de perequação de benefícios e encargos decorrentes dos planos e, ainda, a verificação/comprovação da virtualidade das taxas urbanísticas para poderem ser utilizadas (como havíamos defendido em 1998) como mecanismos de perequação, são os objectivos desta publicação.

Esperamos que este trabalho possa auxiliar todos aqueles que, na prática, têm que se confrontar com as questões de perequação urbanística.

Coimbra, Setembro de 2002

JORGE DE CARVALHO
FERNANDA PAULA OLIVEIRA

ÍNDICE

NOTA PRÉVIA 5

Capítulo I
ADMINISTRAÇÃO URBANÍSTICA, VISÃO INTRODUTÓRIA

1. A transformação urbanística do território, nas últimas décadas 9
2. O quadro normativo presente em tal transformação 15
3. Relação entre transformação do território e sistema de ordenamento 19
4. O Decreto-Lei n.º 380/99, oportunidade para uma melhor administração urbanística 23
5. A perequação, no quadro dessa oportunidade 27

Capítulo II
PEREQUAÇÃO

1. Do conteúdo diferenciador dos planos aos mecanismos perequativos 31
2. Técnicas perequativas dos benefícios 33
3. Técnicas perequativas dos encargos 38
4. A abrangência geográfica da perequação 41
5. O papel de cada instrumento na montagem do processo perequativo 44
6. Síntese conclusiva 45
7. Proposta de um modelo 49

Capítulo III
TAXAS E CEDÊNCIAS URBANÍSTICAS

1. Noção jurídica de taxa 55
   1.1. Elementos definidores de taxa 55

1.2. Distinção de figuras afins	64
2. As atribuições municipais em matéria de cobrança de taxas	66
2.1. A existência de autarquias locais face à Constituição da República Portuguesa	66
2.2. As finalidades e os interesses públicos prosseguidos pelas autarquias locais. Especial referência ao urbanismo	66
2.3. A repartição de atribuições entre o Estado e as Autarquias locais em matéria de impostos e taxas	68
2.4. As receitas próprias das autarquias locais. Especial referência às taxas	69
3. Taxas urbanísticas	72
3.1. A taxa pela concessão do licenciamento	72
3.2. A taxa pela realização de infra-estruturas urbanísticas	74
a) Razão de ser da taxa pela realização de infra-estruturas urbanísticas	74
b) Âmbito de aplicação da taxa pela realização de infra-estruturas urbanísticas	75
c) Algumas questões a propósito da taxa pela realização das infra-estruturas urbanísticas	80
d) Natureza jurídica da taxa pela realização de infra-estruturas urbanísticas: verdadeira taxa ou imposto?	81
4. Cedências de terrenos	85
5. As taxas como possível mecanismo de procura da equidade	88
5.1. A taxa pela realização de infra-estruturas urbanísticas como mecanismo de perequação	88
5.2. A taxa pela emissão da licença como mecanismo de perequação	92
5.3. Uma taxa perequativa como síntese dos vários benefícios e encargos decorrentes do processo urbanístico	92
6. Síntese conclusiva	93
7. Proposta de um modelo	96
7.1 Questões introdutórias	96
7.2. Formulação do modelo	96

ANEXOS

A. Legislação relativa à perequação e às taxas e cedências (com anotações)	105
B. O caso de Évora	145
C. Bibliografia	203

CAPÍTULO I

ADMINISTRAÇÃO URBANÍSTICA, VISÃO INTRODUTÓRIA

1. A transformação urbanística do território, nas últimas décadas

Ocorreu em Portugal, nas últimas décadas, uma forte dinâmica de construção de edifícios.

Para o total do País o número de alojamentos quase duplicou nos últimos trinta anos, atingindo agora os 5 milhões.

Tal crescimento veio dar resposta ao aumento do número de famílias, decorrente da evolução da população residente, mas sobretudo da diminuição da dimensão média do agregado familiar (baixa natalidade, aumento dos idosos, muitas pessoas a viver sozinhas).

Mas é de notar que o número total de famílias (cerca de 3,65 milhões) é muito inferior ao total de alojamentos e que a dinâmica construtiva também se tem destinado à segunda habitação (muito associada a aplicações financeiras das famílias) e tem vindo a contribuir para um número crescente de fogos devolutos e degradados.

Poderá considerar-se este crescimento como essencialmente urbano, embora apresente, em parte, características bem distintas do conceito tradicional de cidade.

Se definirmos "ruralidade" como sendo caracterizada "pela dependência dos actores em relação aos processos naturais, pela influência das relações de proximidade e pela organização do agregado familiar como unidade de produção e de consumo"[1], logo se notará que tais características estão a desaparecer na maioria das ocupações que vão ocorrendo na envolvente das cidades, em aldeias ou parcelas rurais. Os novos habitantes são essencialmente urbanos, trabalham algures (nos serviços ou na indústria), estão dependentes do automóvel e da televisão, abastecem-se no hipermercado.

Mas há que concluir, então, que as cidades têm vindo a crescer já não apenas como um contínuo de edifícios e infra-estruturas, mas também de forma fragmentada e dispersa, espalhando-se por áreas enormes, intercalando-se com antigos assentamentos agrícolas. Estes encontram-se cada vez mais abandonados, à espera de uma evolução positiva da renda fundiária, decorrente de uma sua hipotética possibilidade construtiva.

Analisadas as geografias decorrentes desta recente ocupação, verifica-se que esta surge, muitas vezes, caótica e casuística, muito pouco estruturada.

Podem notar-se relações entre a localização das novas urbanizações e construções e as vias preexistentes e também com o cadastro da propriedade. Mas é por vezes difícil identificar outras regras de localização na ocupação dispersa e fragmentada que vai acontecendo, e também nas ocupações contíguas à cidade compacta. Nalgumas das cidades portuguesas, afigura-se já hoje tarefa impossível identificar-lhes uma qualquer forma global[2].

Detectam-se ocupações muito diferentes, densidades das mais diversas, muitas soluções morfo-tipológicas, mas constata-se que tais diferenças nem sempre obedecem a um qualquer critério racional, nomeadamente de correlação entre a carga de utilização e o dimensionamento da infra-estrutura pública.

---

[1] Carlos Pinto, citado por Filomena Mendes et. al., *O Desenvolvimento Urbano nas Cidades Médias e a Articulação Territorial com o Mundo Rural – O Caso de Évora*. Universidade de Évora, 1998, p.14.

[2] Jorge Carvalho, et. al., Projecto *Praxis XXI/PCSH/AUR/141/96*, 1999, p. 69 a 105.

Entendendo-se ordenamento urbanístico como o esforço de "utilização racional dos recursos disponíveis (biofísicos, financeiros e tecnológicos), para a qualidade de vida da população", terá que se concluir que este não tem sido eficaz.

A grande maioria desta grande dinâmica construtiva aconteceu por iniciativa privada.

No que respeita à habitação, ainda ocorreram, nos anos 70, urbanizações de iniciativa pública. Mas, com a extinção do Fundo de Fomento da Habitação e com o alijar para os municípios da responsabilidade pela habitação social, reduziram-se a intervenções pontuais.

Quanto a áreas destinadas a indústrias e armazéns, e apesar de também ter sido extinta a Empresa Pública dos Parques Industriais, verificou-se que um número significativo de municípios promoveu urbanizações para o efeito.

Já nos anos 90, levaram-se a cabo "projectos urbanos" de iniciativa pública, para a recuperação e/ou qualificação de algumas áreas urbanas, com programas e/ou localizações considerados "estratégicos" ou de especial importância patrimonial.

Como obras públicas de dimensão significativa há que referir, ainda e essencialmente, o investimento em estradas, sendo contudo de notar que as respectivas localizações nem sempre se subordinaram a preocupações de ordenamento do território. A nível nacional, a lógica fluxos rodoviários/ obras públicas impôs-se à perspectiva planeamento/ /ordenamento. A nível local, as Juntas de Freguesia vão procurando abrir sempre mais vias, alimentando expectativas construtivas nem sempre conformes aos objectivos de ordenamento.

Não obstante estas e outras obras públicas realizadas, é facto que a esmagadora maioria das novas urbanizações e construções surgiram por iniciativa privada: a quase totalidade dos novos alojamentos; mas também novas funções estruturantes do território, de que se destacam as grandes superfícies comerciais.

A dinâmica construtiva assentou, então, em loteamentos privados e, também, em construções não precedidas de loteamento.

Nos anos 70, os loteamentos ilegais tiveram uma enorme expressão, sobretudo no Sul do país. Os "clandestinos" poderão ter representado cerca de 40% dos novos alojamentos do continente[3].

Mas tal fenómeno deixou de ter significado. Nos anos 80, a construção nova sem licença já só terá representado 4% do total e, mesmo essa, terá ocorrido no início da década [4].

A construção de novos edifícios tem sido, portanto, objecto de licença municipal e ocorre em lotes urbanos, constituídos também com autorização municipal, ou em parcelas ainda rurais.

Um aspecto muito relevante de todo este processo reside no facto de que, na sua grande maioria, cada uma das iniciativas acontece numa só propriedade, reportando-se aos respectivos limites, procurando evitar associações ou acordos negociais com outros proprietários.

Poderá pensar-se que, sendo a construção de novos edifícios licenciada pelos municípios, estará conforme os respectivos "planos municipais de ordenamento do território" e que tal será suficiente para garantir a pretendida transformação ordenada do território. Mas uma análise mais cuidada permite verificar que não o tem sido.

Há que recordar que apenas nos anos 90 foram publicados Planos Directores Municipais para a generalidade dos municípios[5].

Os PDMs publicados correspondem, na sua grande maioria, a planos-zonamento, sujeitos apenas a índices e parâmetros urbanísticos, insuficientes, portanto, para assegurar a articulação de cada iniciativa com a envolvente.

---

[3] Isabel Sousa Lobo, *Construção não Formal Contribuição para a análise Quantitativa a Nível Regional*, NEUR/ IACEP, 1986.

[4] Maria da Conceição Morais, *o Crescimento Referenciado aos Actos (ou à falta deles) de Licenciamento (de Loteamento e Construção)*, Projecto fc. Universidade de Aveiro/ DAO, Aveiro, 1996, p. 9 a 17.

[5] Antes disso, existiam diversos "pré-planos" urbanísticos, de maior ou menor pormenorização, os quais, mesmo sem "força de lei", iam sendo utilizados na gestão municipal, mas de forma nem sempre sistemática.

Administração Urbanística, Visão Introdutória 13

Muitos municípios procuraram que fossem elaborados estudos urbanísticos pormenorizados (tecnicamente similares a planos de pormenor, mas sem "força legal"). De notar, no entanto, que mesmo quando existam e sejam cumpridos, não garantem articulação temporal entre as iniciativas dos diversos proprietários, ou seja, não impedem que um se mantenha parado, enquanto o vizinho procura avançar.

Olhe-se, a uma escala local, para a ocupação urbanística do território que foi acontecendo nas últimas décadas.

Desde logo se poderá verificar que, muitas vezes, as iniciativas surgem desgarradas e/ou sem uma adequada articulação com a envolvente. Esta última situação pode acontecer por os percursos estabelecidos não garantirem suficientes atravessamentos e continuidades, por as estruturas naturais/ecológicas não serem respeitadas, ou ainda por as opções morfo-tipológicas se apresentarem distintas das presentes nas vizinhanças.

Entre iniciativas vizinhas, mas também no interior de cada solução urbanística (loteamento, ou plano de pormenor) constata-se a dominância de um grande ecletismo projectual: edifícios colectivos, de várias dimensões, misturam-se com habitações individuais; coexistem quarteirões fechados com quarteirões abertos, com bandas e com edifícios soltos, sem que por vezes se consiga detectar critério organizativo no conjunto. De tais situações resultam, frequentemente, insuficiências de legibilidade e funcionalidade do espaço público e, sobretudo, uma ausência de identidade, a qual se revela elemento essencial da boa forma urbana[6].

No que respeita à tipologia dos edifícios, há que sublinhar a ocorrência, nas últimas décadas, de uma alteração radical.

---

[6] Carvalho, Jorge et. al., Projecto *Praxis XXI/PCSH/AUR/141/96*, cit., p. 105 a 165.

Em 1970, em Portugal,[7] os edifícios unifamiliares albergavam 74% dos alojamentos; em 2001, já apenas 54%.

Nos últimos 30 anos têm vindo a ser construídos edifícios de cada vez maior dimensão; no ano 2000, dos quase 110000 fogos construídos, 41% foram-no em edifícios com mais de 12 fogos, 23% em edifícios de 6 a 11, apenas 7% em edifícios de 2 a 5 fogos e 29% em unifamiliares.

Esta construção de unifamiliares corresponde essencialmente a vivendas de grande dimensão e estende-se por áreas enormes, pelo que, embora em quantidade muito inferior à de outrora, tem grande presença no território.

Os edifícios de grande dimensão, localizados nas áreas urbanas, têm ocorrido nas expansões contíguas à cidade compacta, mas também nas transformações das áreas consolidadas e até nas áreas urbano/ /rurais, misturando-se com as vivendas.

De notar a irracionalidade, na perspectiva da boa utilização dos recursos e da boa organização vivencial, entre o facto de estarem a ser afectas à construção áreas muito vastas e o facto de estarem a ser construídos edifícios cada vez maiores. A ligar os dois factos, apenas a procura de valorização fundiária, que se tem revelado determinante em todo o processo (procurar afectar terrenos à construção, mesmo mantendo-os expectantes; procurar implantar a máxima carga construtiva, quando se chega a edificar).

Não obstante a demolição de edifícios e a respectiva substituição por outros de muito maior dimensão que vai ocorrendo nas áreas consolidadas, verifica-se também, em sentido contrário, o desenvolvimento do conceito de património e de acções tendentes à sua conservação e valorização.

São delimitadas, em muitas povoações, áreas a preservar, nomeadamente os tecidos urbanos de traçado medieval, mas também outros mais recentes, aos quais seja reconhecida representatividade histórica, ou especial valor urbanístico ou arquitectónico.

---

[7] INE: Censos de 1970 e 2001 (provisórios); Estatísticas da construção de 2000.

Administração Urbanística, Visão Introdutória 15

Para elas têm sido desenvolvidos projectos públicos de qualificação do espaço colectivo e de recuperação e reutilização dos edifícios, com mobilização de apoios financeiros.

Deram-se também passos importantes na construção de redes públicas de água e saneamento[8]. Em 1970, no total do país, os alojamentos com água canalizada no seu interior proveniente de rede pública eram 36.5% e os com retrete ligada a rede pública de esgotos eram 29%. Em 1991 eram 69% e 48%, respectivamente.

Quanto às demais infra-estruturas urbanas, constata-se, através da observação do território, que a generalidade dos edifícios estão servidos por vias pavimentadas, mas que existem carências significativas (quantitativas e qualitativas) de espaços pedonais, de zonas verdes e de estacionamento automóvel.

Não obstante o grande investimento em novas rodovias, a que já se fez referência, assiste-se a crescentes dificuldades de circulação, decorrentes do uso generalizado do automóvel. Esta questão tem-se revelado fundamental e determinante para o modelo de ordenamento a adoptar.

2. O quadro normativo presente em tal transformação

As alterações urbanísticas ocorridas nos últimos 30 anos referidas no ponto anterior tiveram na sua base um quadro normativo que, até certo ponto, justifica a situação actualmente existente.

Reportando-nos ao início do nosso período de análise, a grande novidade dá-se em 1965, com o Decreto-Lei n.º 46 673, de 29 de Novembro, diploma que veio estabelecer, pela primeira vez e de uma forma sistemática, a sujeição a licenciamento das operações de loteamento urbano e das obras de urbanização.[9] A principal razão de ser da

---

[8] INE, Censos de 1970 e 1991.

[9] De facto, a divisão de um ou vários prédios em lotes destinados à construção não esteve, entre nós, sujeita a qualquer regulamentação jurídica autónoma até à publicação daquele diploma legal. Dúvidas existem, contudo, sobre a questão de

sujeição a prévio controlo municipal das operações de loteamento promovidas por particulares foi a de evitar que se efectuassem operações de loteamento sem que previamente estivessem garantidas as indispensáveis infra-estruturas urbanísticas, situação que, além de lesar os compradores de boa fé, criava para as câmaras municipais graves problemas de carácter financeiro visto serem elas quem, em última instância, tinham de realizar (com prejuízo dos seus programas normais de actividade) as mais importantes obras de urbanização impostas pela necessidade de dotar (e conservar) os referidos núcleos habitacionais com as indispensáveis infra-estruturas e equipamentos fundamentais para garantir a qualidade de vida dos residentes.[10] Não tendo, contudo, o diploma de 1965 produzido os efeitos anunciados aquando da sua aprovação, o regime nele estabelecido foi objecto de alteração em 1973, com a entrada em vigor do Decreto-Lei n.º 289/73, de 6 de Junho, diploma que veio atribuir importantes poderes às câmaras municipais no licenciamento destas operações, disciplinando ainda a intervenção da administração central de uma forma mais limitada do que até aí era admitida.[11]

---

saber qual era o regime que vigorava antes deste diploma. Uns defendem que vigorava a regra da liberdade (neste sentido, cfr. Osvaldo Gomes, *Manual dos Loteamentos Urbanos*, Coimbra, Coimbra Editora, 1983, p. 35 a 37), outros que, após o Código Administrativo de 1936, o Governo passou a proibir tacitamente a realização de urbanizações particulares [posição defendida por Fernando Gonçalves, "Evolução Histórica do Direito do Urbanismo em Portugal (1851-1988)," in *Direito do Urbanismo*, INA, 1989, p. 251]. No entanto, não obstante as dúvidas que perante as disposições do Código Administrativo se colocaram quanto à respectiva legalidade, a verdade é que a iniciativa dos particulares no fraccionamento da propriedade não foi, antes de 1965, impedida, desde que fossem respeitados os preceitos legais aplicáveis. Cfr. António Duarte de Almeida, *Legislação Fundamental de Direito do Urbanismo*, Lisboa, Lex, p. 502.

[10] Cfr. Osvaldo Gomes, *ob. cit.*, p. 38.

[11] Este diploma limitou a intervenção da Direcção-Geral dos Serviços de Urbanização à emissão de um parecer, mas apenas nas situações em que na área não existisse plano de urbanização ou os pedidos não se conformassem com o instrumento de planificação urbanística aplicável ao local.

Este diploma integra uma reforma da legislação urbanística ocorrida no início da década de 70, marcada também pelos Decretos-Lei n.ºs 166/70, de 15 de Abril (relativo ao licenciamento de obras particulares), 576/70, de 24 de Novembro (que aprovou a Lei dos Solos) e 560/71 e 561/71, ambos de 17 de Dezembro. Estes, assumiram os planos de urbanização (gerais e parciais) como planos-zonamento e instituíram os "planos de áreas territoriais", planos de conjunto que abrangiam vários centros urbanos e zonas territoriais intermédias e envolventes, e os "planos de pormenor", que incidiam sobre áreas abrangidas por planos gerais ou parciais de urbanização aprovados.

Já após o 25 de Abril, até meados dos anos 80, verificam-se novas alterações legislativas de considerável importância:

– É aprovada a nova Lei dos Solos, disciplinadora do regime jurídico dos solos urbanos e urbanizáveis – Decreto-Lei n.º 794/76, de 5 de Novembro, diploma ainda hoje em vigor, embora com uma alteração introduzida pelo Decreto-Lei n.º 313/80, de 14 de Agosto.[12]

– Também de 1976 é o Código das Expropriações (Decreto-Lei n.º 845/76, de 11 de Dezembro) que viu algumas das suas normas serem declaradas inconstitucionais por violação, entre outros, do parâmetro Constitucional da *justa indemnização*.

– Em 1982 é aprovado o Decreto-Lei n.º 152/82, de 3 de Maio (posteriormente alterado pelo Decreto-Lei n.º 210/83) que instituiu as áreas de desenvolvimento urbano prioritário (ADUPs) e as áreas de construção prioritária (ACPs). Assumindo-se com instrumentos de ambição operativa, para intervenções "prioritárias", verificou-se que processamentos centralistas e burocráticos, e ausência de regulamentação perante casos de incumprimento, os tornaram inaplicáveis.

---

[12] Tal como consta do seu preâmbulo, a preocupação central desta lei foi a de dotar a Administração de instrumentos eficazes para alcançar dois objectivos essenciais: evitar a especulação imobiliária e permitir uma rápida solução para o problema habitacional.

– O Decreto-Lei n.º 208/82, de 26 de Maio, veio disciplinar o regime jurídico dos planos directores municipais, figura criada pela nova lei de atribuições e competências das autarquias locais, mas de que apenas se sabia dever abranger a totalidade de cada área concelhia.
– Surgem, ainda: o Decretos-Lei n.º 400/84, de 31 de Dezembro (que alterou o processo de licenciamento das operações de loteamento e de obras de urbanização, revogando o anterior Decreto-Lei n.º 289/ /73), e o Decreto-Lei n.º 383/83, de 20 de Julho (que criou a figura dos planos regionais de ordenamento do território), diploma posteriormente substituído pelo Decreto-Lei n.º 178-A/88, de 18 de Maio.

A década de 90 iniciou-se com a revisão legislativa de praticamente todas as vertentes ligadas ao urbanismo, desde a planificação à gestão urbanística, sendo desta década: o Decreto-Lei n.º 69/90, de 2 de Março, que juntou e reformulou todo o regime jurídico relativo aos planos municipais de ordenamento do território (planos directores municipais, planos de urbanização e planos de pormenor); o Decreto--Lei n.º 445/91 de 20 de Novembro (que reviu todo o regime jurídico relativo ao licenciamento de obras particulares, revogando o Decreto--Lei n.º 166/70); o Decreto-Lei n.º 448/91, de 29 de Novembro (disciplinador do novo regime jurídico dos loteamentos urbanos e obras de urbanização, revogando o Decreto-Lei n.º 400/84); o Decreto-Lei n.º 438/ /91, de 9 de Novembro (que aprovou o novo regime jurídico das expropriações por utilidade pública).

No entanto, a ausência de uma lei de bases que pudesse ter servido de suporte a todos aqueles diplomas legais (mantendo, assim, a dispersão e contradição dos regimes aplicáveis) e a inoperativa regulamentação da Lei dos Solos e das ADUPs/ACPs (que, eventualmente, com uma regulamentação mais expedita, teria podido ser bem mais eficaz, dadas as virtualidades de alguns dos instrumentos previstos), dificultaram grandemente a gestão urbanística municipal.

Também a ausência de um regime claro, uniforme e operativo da fiscalidade urbanística serviu para fomentar os grandes obstáculos à eficácia da referida gestão.

3. Relação entre transformação do território e sistema de ordenamento

Confrontando a transformação urbanística que tem vindo a acontecer no território português com o sistema de ordenamento (quadro normativo que ia estando em vigor e forma como ia sendo utilizado), conclui-se existirem entre ambos relações muito fortes.

Sabe-se que todo o processo urbano é o resultado de dinâmicas muito diversas, económicas e financeiras, culturais e sociais, ideológicas e institucionais. Seria absurdo, portanto, considerar o sistema de ordenamento como a causa das características (e patologias) presentes na transformação do território.

Poderá, no entanto, afirmar-se que o quadro normativo até há pouco em vigor e a administração urbanística que tem vindo a ser praticada não têm sido capazes de orientar suficientemente o processo de ocupação do território, antes se conformando com ele.

Apresentam-se, no quadro seguinte: uma lista de características presentes na transformação de cidades portuguesas e que poderão ser consideradas patologias ou insuficiências; na outra coluna, relativa ao sistema de ordenamento que tem sido utilizado em Portugal, normativas ou práticas que se conformam (não contrariam e até alimentam) tais patologias.

Acrescentam-se algumas notas e explicitações sobre a administração urbanística que tem vindo a ser praticada, e que poderá ser classificada como "passiva": assentando, sobretudo, no licenciamento urbanístico municipal, sendo este, a partir dos anos 90, referenciado aos PDMs; com escassas iniciativas públicas fundiárias; tendo, como pano de fundo, uma fiscalidade sobre os prédios urbanos totalmente desadequada.

CIDADES PORTUGUESAS	SISTEMA DE ORDENAMENTO
• Crescimento pouco estruturado.	– PDMs com insuficiente orientação estruturante. – Ausência de outros instrumentos, que superem tal insuficiência.
• Crescimento casuístico e disperso.	– PDMs com grandes admissibilidades construtivas, não sujeitas a condicionantes ou programação. – Ausência de iniciativas públicas fundiárias (directas, ou de dinamização de processos societários). – Iniciativas privadas fechadas no limite de cada propriedade. – Licenciamento admitindo iniciativas dispersas e desgarradas (desde que conformes com PDM). – PDMs sem assumir fenómeno de dispersão (regulamentação reduzida à velha dicotomia urbano/rural).
• Elementos estruturantes (os que vão surgindo) sem acautelarem relação com envolvente.	– PDMs não os explicitando, ou sujeitando-os a mera servidão. – Projectos de execução autónomos (não incluindo envolvente).
• Frequentes promiscuidades morfo-tipológicas • Espaço público com frequentes insuficiências (qualitativas e quantitativas).	– PDMs com indicadores apenas quantitativos. – Licenciamento sobretudo policial; insuficientemente exigente quanto às relações com a envolvente e às infra-estruturas; admitindo fuga ao loteamento. – Encargos (dos promotores): não padronizados, favorecendo intervenções individualizadas; em média muito insuficientes, face aos custos da infra-estrutura.
• Muitos terrenos e edifícios sem utilização.	– Contribuição autárquica, nestes casos, de valor muito baixo.

Administração Urbanística, Visão Introdutória 21

Sobre os PDMs em vigor, já se referiu serem essencialmente planos-zonamento que abrangem a totalidade de cada território municipal, havendo a precisar que, na maioria dos casos [13]:

– não são suficientemente estruturantes das cidades; se considerarmos como "elementos estruturantes" as redes de circulação, a estrutura ecológica, as centralidades e os equipamentos, verifica-se que estes surgem insuficientemente explicitados e, sobretudo, mais sujeitos a protecções do que a soluções formais e funcionais de relacionamento com a envolvente;
– apresentam fortes admissibilidades construtivas (dezenas de vezes superior às dinâmicas construtivas para uma década [14]), poucas vezes sujeitas a programação ou condicionantes especiais;
– utilizam indicadores urbanísticos quantitativos, mas poucas vezes orientações morfo-tipológicas; excepção para áreas consolidadas, para as quais surgem orientações genéricas de respeito pela morfologia dominante;
– reduzem o fenómeno da dispersão à velha dicotomia urbano-rural, limitando-se a incluir ou não essas zonas nos perímetros urbanos;
– não incluem políticas sectoriais, nem orientações executórias.

No que respeita ao licenciamento urbanístico municipal [15], poderá referir-se que:

– actualmente se referencia sobretudo aos PDMs (na apreciação de loteamentos, mas também de pedidos de construção), apesar destes serem considerados insuficientes;[16]

---

[13] Jorge Carvalho, *Ordenar a Cidade*, Tese de Doutoramento, 2001, em publicação, p. 84 a 99.

[14] Centro de Estudos Geográficos/UL, *Cidades Médias, Imagem, Quotidiano e Novas Urbanidades,* DGOTDU, Lisboa, 1998.

[15] Jorge Carvalho, 2001, *Ordenar a Cidade, cit.*, p. 225 a 239.

[16] Com efeito, dada a escala a que são elaborados, é difícil, com base neles, levar a cabo a apreciação de loteamentos e edificações, cujas orientações só podem emanar de forma mais precisa de planos de escala inferior: de urbanização e de pormenor. Cfr. António José Magalhães Cardoso, *Gestão Territorial*, Coimbra, 2001, p. 6-7.

– se processa na ausência de uma programação de infra-estruturas, o que, associado às grandes admissibilidades construtivas, favorece a dispersão;
– não considera suficientemente questões formais e funcionais de articulação com a envolvente e relativas ao espaço público;
– pactua com a fuga ao loteamento, traduzida no licenciamento de construções de dimensão significativa em parcelas rurais;
– imputa, às diversas iniciativas, encargos muito baixos (cedências de terreno + obras de urbanização + taxas), se confrontados com o custo das infra-estruturas; e também muito variáveis, favorecendo, paradoxalmente, as construções não precedidas de loteamento e os pequenos loteamentos ao longo de vias existentes.

Das iniciativas fundiárias municipais há que destacar, sobretudo, o serem escassas, correspondendo, na sua maioria, à aquisição do solo necessário à construção de infra-estruturas e equipamentos públicos.

Tais aquisições processam-se, sobretudo, através da livre negociação (contratos de compra e venda, ou de permuta) e por cedências associadas a loteamentos concretizados ou prometidos. A expropriação por utilidade pública, estando sempre presente como hipótese, não chega a ser muito utilizada.

A fiscalidade sobre os prédios urbanos não tem sido utilizada como instrumento urbanístico mas, tal como existe, não poderá deixar de ter consequências muito negativas sobre o processo de ocupação do território, já que penaliza a iniciativa e estimula a inércia expectante.

Tal acontece por a contribuição autárquica, a pagar anualmente, apresentar taxas altas, mas matrizes totalmente desactualizadas, só sofrendo actualização quando no prédio ocorra iniciativa construtiva. Acresce, ainda, pagamento de sisa aquando a transacção.

4. O Decreto-Lei n.º 380/99, oportunidade para uma melhor administração urbanística

Estabelecidas as bases da política de ordenamento do território e de urbanismo com a Lei n.º 48/98, de 11 de Agosto (LBPOTU), dispunha o Governo, nos termos do artigo 35º da mesma, de um prazo de um ano para proceder à concretização do programa de acção legislativa complementar para, entre outros aspectos, definir o regime jurídico dos novos instrumentos de gestão territorial (o caso do Programa Nacional da Política de Ordenamento do Território e dos planos intermunicipais), bem como as alterações aos regimes aplicáveis à elaboração, aprovação, execução, avaliação e revisão dos planos regionais de ordenamento do território, dos planos especiais de ordenamento do território e dos planos municipais de ordenamento do território. Tal veio a concretizar-se com o Decreto-Lei n.º 380/99, de 22 de Setembro.

Configura-se este diploma como uma oportunidade para uma melhor administração urbanística, porque veio preencher uma enorme lacuna até então existente no quadro normativo urbanístico português: a falta de instrumentos eficazes e eficientes de urbanismo operativo.

Eis as grandes novidades que introduz, todas elas constantes do seu Capítulo V, relativo à "execução, compensação e indemnização":

a) o município, mantendo as responsabilidades que já detinha no âmbito do planeamento territorial, deverá agora estabelecer "metas e prioridades", promovendo uma "execução coordenada e programada" (art. 118º, números 1 e 2);

b) os proprietários, mantendo e até reforçando direitos, passam a ter também deveres, nomeadamente o "dever de concretizarem e adequarem as suas pretensões às metas e prioridades estabelecidas" nos planos, e o de participarem no financiamento de infra-estruturas e equipamentos públicos (art. 118º, números 2 e 3);

c) os proprietários têm ainda o direito e o dever a uma distribuição perequativa de benefícios e de encargos, conforme critérios a estabelecer pelo município (artigo 135º a 137º);

24   *Perequação – Taxas e Cedências*

d) as operações urbanísticas deverão, em princípio, ser concretizadas no âmbito de "unidades de execução", delimitadas para o efeito pelo município (artigo 119° e 120°);[17]

e) em tais "unidades de execução", deverão ocorrer processos associativos, apenas entre proprietários, entre estes e o município, ou eventualmente com promotores (artigo 122° a 124°).

De acordo com o conteúdo do diploma, as unidades de execução deverão ser delimitadas por forma a "assegurar um desenvolvimento harmonioso e a justa repartição de benefícios e encargos".

Tal delimitação traduzir-se-á na fixação do limite físico da área a sujeitar a intervenção e deverá ser acompanhada por planta cadastral; é da competência municipal, por sua iniciativa ou a requerimento dos interessados.

---

[17] Com efeito, determina expressamente o artigo 119° que os planos e as *operações urbanísticas* se executam através de um dos três sistemas indicados na lei (sistema de compensação, de cooperação e de imposição administrativa) que se desenvolvem no âmbito de unidades de execução. Estamos perante aquilo que podemos designar de *execução sistemática*, nada referindo o Decreto-Lei n.° 380/99 sobre a execução assistemática (a levar a cabo fora dos sistemas legalmente previstos e, por isso, fora das unidades de execução), razão pela qual se pode colocar a questão de saber se o legislador a terá querido excluir. Quanto a nós, pensamos que embora não seja um imperativo, a execução sistemática é uma orientação indiscutível do Decreto-Lei n.° 380/99, assumindo o legislador que esta é a forma normal de execução dos planos e das operações urbanísticas. Cfr. Fernanda Paula Oliveira, Sistemas e Instrumentos de Execução dos Planos, Cadernos do CEDOUA, Coimbra, Almedina, 2001.

Sobre este aspecto veja-se que o Decreto-Lei n.° 380/99, divide o seu Capítulo relativo à execução dos instrumentos de planeamento territorial em duas subsecções: uma relativa à *programação e sistemas de execução* (Subsecção I, artigos 118° a 125°), outra relativa aos *instrumentos de execução* (Subsecção II, artigos 126° a 134°). Ora, uma leitura atenta desta parte do diploma permite-nos concluir que, embora, como se afirmou, o legislador tenha assumido que a execução sistemática é a forma normal de execução dos planos, permite igualmente a execução daqueles de forma assistemática ao prever *instrumentos de execução* que, bem analisados os artigos respectivos, podem ser usados (preferencialmente) fora dos sistemas de execução e das respectivas unidades delimitadas para o efeito. Veja-se, por exemplo, o disposto no artigo 129°, onde o legislador claramente aponta no sentido de que a restruturação da propriedade pode ser promovida em alternativa ao funcionamento dos sistemas da cooperação ou da imposição administrativa.

Administração Urbanística, Visão Introdutória 25

Quando a área não esteja abrangida por plano de pormenor, deverá ocorrer discussão pública análoga à que ocorreria no seu processo de elaboração (artigos 119° e 120°).

A concretização das operações urbanísticas correspondentes a cada unidade far-se-á através de diferentes sistemas de execução, em função de quem *assumirá a tarefa de urbanizar* (projecto, infra-estruturas, operações fundiárias) (artigos 119°, 120°, 122°, 124° e 129°):

a) *Sistema de compensação,* da responsabilidade de todos os proprietários, que para o efeito se deverão entender e associar. Caber-lhes-á: proceder à perequação, entre si, de encargos e benefícios, face à valorização prévia de cada propriedade; prestar ao município as compensações regulamentarmente previstas.

b) *Sistema de cooperação,* de iniciativa municipal, mas aberto à máxima cooperação dos proprietários interessados. Poderá traduzir-se, se todos os proprietários manifestarem interesse, num processo idêntico ao sistema de compensação. Mas poderá ocorrer uma maior intervenção municipal, substituindo através da expropriação, os proprietários que não subscreverem o acordo, e/ou assumindo as tarefas de urbanizar, com ou sem participação de um promotor.

c) *Sistema de imposição administrativa,* em que o município assume como sua a tarefa de urbanizar, actuando directamente ou concessionando a urbanização através de um concurso público. Neste caso os proprietários poderão subscrever acordo proposto pelo município, ou outro acertado, em prazo fixado; caso não o façam, deverão ser expropriados.

Está previsto, também, o recurso a processos de reparcelamento (art. 131° a 134°), traduzidos no agrupamento de terrenos e sua posterior divisão em lotes para construção e/ou parcelas para urbanização, transferindo para o município parcelas de terreno destinadas a espaço público e equipamentos. Tais processos poderão ocorrer por iniciativa do município ou de todos os proprietários, sendo neste caso sujeitos a licenciamento municipal. De notar que uma operação de reparcelamento obriga à urbanização da zona, que recai sobre quem tiver dado início ao processo e cujos custos deverão, em qualquer caso, ser suportados pelos proprietários. Quando estes manifestarem o seu desacordo, poderá o município promover a aquisição dos respectivos terrenos. Havendo acordo, este será traduzido em contrato.

Este processo afigura-se muito semelhante ao das unidades e sistemas de execução, quase uma repetição com diferente denominação. Poderá, talvez, ser utilizado em processos cujo objectivo não seja o de urbanizar, mas apenas o de reparcelar para futura urbanização, com realização de infraestruturas mínimas, apenas eixos estruturantes, ou as indispensáveis para que cada propriedade (já reparcelada) possa ser urbanizada independentemente da outra.[18]

Esta leitura do diploma traduz já um sublinhado e um esforço de interpretação operativa de um texto que nem sempre é muito claro.

De qualquer forma, como já se referiu, afigura-se constituir a oportunidade (que há muito se esperava) para encetar o caminho de um urbanismo estratégico e eficaz, sendo para o efeito necessário [19]:

– A localização criteriosa das unidades de execução.
Com PDM's de perímetros muito vastos, há que distinguir as áreas em que importa intervir, para uma maior estruturação e qualificação da cidade existente, das outras em que, mesmo admitidas pelo plano, é dispiciente ou negativa qualquer intervenção. Tal escolha de localização deveria ser acompanhada de um programa, normalmente bem mais desenvolvido do que o decorrente do normativo dos planos, que reflectisse já uma estratégia de desenvolvimento, identificando funções desejáveis, públicas e privadas. Deveria também ser complementada com um traçado regulador, que estabelecesse as desejáveis articulações com envolvente e preexistências.

---

[18] Sobre o reparcelamento, cfr. Fernando Alves Correia, *Estudos de Direito do Urbanismo*, Coimbra, Almedina, p. 72 a 74 e Joaquín Llidó Silvestre, "Tramitación y Efectos de la Reparcelación en la Legislación Urbanística Valenciana", in *Revista de Estudios de la Administración Local y Autonómica*, N.º 283, 2000, p. 415 e ss.

[19] Jorge Carvalho, *Ordenar a Cidade,* cit., 2001, p. 414 a 416.

Administração Urbanística, Visão Introdutória 27

– Procurar a máxima participação dos proprietários.
Num contexto de escassez de meios públicos e financeiros, importa estimular investimentos particulares, desde logo dos proprietários abrangidos. Nesta perspectiva, o sistema de cooperação afigura-se, regra geral, um bom ponto de partida, até porque poderá evoluir, conforme atitude dos proprietários, para processos executórios similares ao de compensação ou ao de imposição administrativa.

– Procurar envolver outros promotores/investidores.
Sendo a cidade actual marcada por grandes investimentos, muitas vezes estruturantes da cidade, importa que estes não se localizem apenas em função da sua lógica específica (marketing, acessibilidade, ou simples maximização da renda fundiária), mas nos locais em que a cidade deles necessita. A concessão de urbanização através de concurso público, desejavelmente já com a concordância dos proprietários, afigura-se uma forma possível de estimular tal participação.

Reafirma-se, pois, a ideia de que o Decreto-Lei n.º 380/99 abre a hipótese de novos caminhos à administração urbanística portuguesa.

Mas há que ter a consciência de que, só por si, não altera todo um contexto sócio/cultural, os interesses e forças em presença, uma prática política, técnica e administrativa marcada por uma atitude fundiária passiva, sobretudo regulamentadora e licenciadora de iniciativas alheias.

Aproveitar esta oportunidade significa ser capaz de transformar, progressivamente, esta actual prática urbanística, o que exige toda uma acção informativa, exemplificativa e formativa.

5. A perequação, no quadro dessa oportunidade

A questão perequativa, de que à frente se falará, corresponde não tanto a um objectivo de ordenamento, mas a um imperativo de justiça: o de uma administração isenta, tratando os cidadãos (neste caso o proprietários) de forma tão igual quanto possível.

Mas poderá/deverá colocar-se, desde logo, a questão de saber quais as consequências que a adopção de mecanismos perequativos poderá acarretar no funcionamento do mercado fundiário.

A adopção de uma atitude perequativa, podendo adoptar mecanismos diversos, exigirá, em qualquer caso, a fixação de "aproveitamentos-padrão" e de "encargos-padrão" e também de correcções e/ou compensações em casos de desvio.

Tal fixação poderá, a curto prazo, originar problemas específicos (associados à quebra de expectativas) e provocar nos proprietários um "esperar para ver", sobretudo daqueles em cujas propriedades os "índices objectivos" (até agora os únicos praticados) sejam superiores aos do aproveitamento padrão. Nestes casos, poderá ser necessária uma intervenção directa da Administração Pública, para evitar a retenção de terrenos.

Mas, numa perspectiva de médio/longo prazo, afigura-se que a perequação só poderá ser positiva, uma vez que a adopção, para todas as propriedades de um determinado perímetro, de iguais padrões de aproveitamento e de encargo:

– tornará o mercado muito mais transparente, já que estes poderão ser facilmente divulgados;
– permitirá compensar efeitos de externalidade, pelo menos no que respeita aos encargos com a infraestrutura pública.

Para além disso, numa perspectiva já não só urbanística mas muito geral, afigura-se importante aumentar a confiança dos cidadãos nas instituições, na Administração Pública, o que exige critérios justos, claros e transparentes.

A perequação poderá ser um contributo nesse sentido.

Voltando à Administração Urbanística e à ideia de que é necessário nela ir introduzindo, progressivamente, alterações muito profundas, é de sublinhar que, para tal, há que ir mobilizando a opinião pública, até para que a relação de forças permita enfrentar alguns interesses que têm beneficiado da actual situação e que não deixarão de se manifestar.

A atitude perequativa poderá ajudar a que tal aconteça, assim como a estabelecer as relações de confiança entre proprietários e entre estes e promotores, factor indispensável ao urbanismo estratégico e associativo que importa implementar.

CAPÍTULO II

PEREQUAÇÃO[20]

1. Do conteúdo diferenciador dos planos aos mecanismos perequativos

Hoje em dia toda a actividade da Administração pública é uma actividade jurídica. Significa isto que a Administração está não só subordinada à lei (princípio da legalidade da Administração), mas também a princípios jurídicos que regulam o seu modo de actuação. Daí

---

[20] A questão perequativa tem sido colocada, essencialmente, perante o problema das vantagens e dos inconvenientes decorrentes dos planos. É, aliás, nesta óptica que ela vem tratada no Decreto-Lei n.º 380/99 (cfr. artigo 135º). No entanto, quanto a nós, esta questão pode ser, e é muitas vezes, mais ampla, colocando-se também em todas aquelas situações em que o tratamento desigualitário entre os proprietários decorre dos actos de licenciamento, *antes* ou *independentemente* do plano, em especial, neste segundo caso, quando estão em causa PDMs elaborados a uma escala e com parâmetros não adequados a servir de base às decisões de licenciamento, deixando à administração, quando tem de decidir sobre estes, um campo de discricionariedade bastante acentuado a ponto de ser na decisão de licenciamento que as desigualdades são introduzidas.

Partindo deste princípio, queremos chamar a atenção para o facto de que, mesmo que no texto nos refiramos apenas, expressamente, às desigualdades decorrentes dos planos e à necessidades de as corrigir, a nossa concepção vai mais além, abrangendo todas as desigualdades de tratamento resultantes da actividade administrativa urbanística.

que, em vez do princípio da legalidade, se fale hoje em dia do *princípio da juridicidade administrativa*. Isto é, aliás, o que decorre do artigo 266º, n.º 2 da Constituição da República Portuguesa que determina que *"...os órgãos e agentes administrativos (...) devem actuar, no exercício das suas funções, com respeito pelos princípios da igualdade, da proporcionalidade, da justiça e da imparcialidade"*.

Claro que, no domínio do direito do urbanismo, em especial, no que concerne à actividade da planificação urbanística, não podemos esquecer que a desigualdade é inerente ao plano, faz parte da sua essência. Os planos são, por natureza, diferenciadores relativamente às futuras utilizações dos diversos terrenos.

Por vezes, limitam-se a reconhecer e consagrar situações pré-existentes. É, por exemplo, o caso de um leito de cheia, em que o plano deverá, naturalmente, interditar a construção. Neste caso, a diferenciação não surge com o plano, decorre da "vinculação situacional do terreno".[21]

Mas, noutros casos, o plano atribui diferentes utilizações a terrenos com condições similares. É o caso de duas propriedades vizinhas, em que uma é afecta à habitação e a outra a uma zona escolar. Com tal opção, o plano cria fortes desigualdades no que respeita à evolução das respectivas rendas fundiárias.

O princípio da igualdade, consagrado constitucionalmente, obriga toda a Administração Pública e, portanto, também, os planos de ordenamento e o licenciamento municipal.

Assim sendo, e não podendo o plano, em muitas situações, deixar de ser criador de desigualdades, é imperativo que o legislador adopte

---

[21] O termo *vinculação situacional* refere-se às restrições às possibilidades de utilização de um solo que são imanentes à sua especial situação factual (como a localização e as características físicas dos terrenos), as quais constituem como que um ónus que incide sobre os mesmos. Fruto da vinculação situacional são, por exemplo, as regras da insusceptibilidade de construção nos terrenos situados em leitos de cheia ou em zonas submersas ou alagadas. Cfr. Fernando Alves Correia, *O Plano Urbanístico e o Princípio da Igualdade*, Coimbra, Almedina, 323.

medidas compensatórias entre os vários proprietários dos imóveis, visando uma repartição, tão igual quanto possível, dos benefícios e dos encargos derivados do plano.

Como afirma Alves Correia, a este propósito, *"...o sistema jurídico deve conter **respostas** correctivas desta situação e criar **instrumentos** ou **mecanismos** susceptíveis de restabelecer a igualdade entre os diferentes destinatários dos planos"*.[22] O princípio constitucional da igualdade contém, assim, uma exigência de criação, pelo sistema jurídico, de mecanismos ou formas de reposição ou restabelecimento da igualdade de tratamento dos destinatários abrangidos pelo plano urbanístico. A tais medidas poderemos chamar "mecanismos perequativos", sem a consagração dos quais *"...é (...) a própria legitimidade do ordenamento urbanístico que está em causa..."*.[23]

As técnicas ou mecanismos perequativos podem, por sua vez, ser perspectivados quer do ponto de vista dos benefícios, quer do ponto de vista dos encargos e terão que se reportar a uma qualquer abrangência geográfica.

2. Técnicas perequativas dos benefícios

No que diz respeito a este primeiro tipo de técnicas, visa-se uma repartição tão igual quanto possível dos benefícios derivados do plano (e do licenciamento municipal).

Para tal, há que fixar:

- um "benefício-padrão" por m2 de terreno (possibilidade construtiva correspondente a um "aproveitamento médio" das diversas propriedades);

---

[22] Fernando Alves Correia, *O Plano Urbanístico*, cit., p. 390.

[23] Fernando Alves Correia, "A Execução dos Planos Directores Municipais. Algumas Questões", in *Revista Jurídica do Urbanismo e do Ambiente*, N.º 3, 1995, p. 71.

- formas de compensação para as situações em que ocorra desvio relativamente ao "benefício-padrão".

Para fixar um "aproveitamento médio" das diferentes possibilidades construtivas das diversas propriedades, há que valorar cada uma delas e, para tal:

- avaliar a potencialidade (e/ou expectativa) construtiva de cada uma, comparativamente às outras, anterior à acção administrativa urbanística (plano e/ou licenciamento);
- fixar uma fórmula para valorar, comparativamente às outras, cada uma das potencialidades construtivas decorrentes da acção administrativa urbanística.

De notar que isto poderá ser feito de forma muito simples ou, no limite oposto, de forma muito pormenorizada e complexa.

Para avaliar a potencialidade (e/ou expectativa) construtiva, pré plano e/ou licenciamento, de cada propriedade, o mais simples é considerar que, para o perímetro em questão, todas têm a mesma potencialidade, por m^2 de terreno. Na máxima complexidade, considerar-se-iam também: a localização, no contexto da ocupação global do território (proximidade às diversas centralidades, serviços e acessibilidades); a ocupação existente na proximidade (edifícios, serviços, infra-estruturas, enquadramento ambiental); as características biofísicas do terreno (condições geotécnicas, declives, facilidade de drenagem, exposição das encostas); as pré-existências nele porventura existentes.

Para a valoração, comparativa, das diversas possibilidades construtivas, pós plano e/ou licenciamento, o mais fácil é considerar que, para o perímetro em questão, todo o m2 de área bruta de construção vale o mesmo. Na máxima complexidade, considerar-se-iam ainda: os usos (habitação, escritórios, comércio, armazéns, indústria, ...); a localização específica de cada lote (relações com o espaço público e com outras funções; vistas e insolação); as tipologias dos lotes e dos edifícios (número de fogos e outras unidades de utilização, número de pisos, dimensão dos logradouros, ...).[24]

Perante tais possíveis caminhos, recomenda-se que, sem prejuízo do objectivo de justiça que terá que nortear a perequação, se procure a mínima complexidade, considerando apenas os factores valorativos que se afigurem indiscutíveis. Tal recomendação assenta em preocupações de operacionalidade, mas também de transparência, geradora de confiança.

A mínima complexidade aceitável dependerá da realidade territorial a que se reporta, mas também do nível de pormenorização do instrumento urbanístico que enquadra a perequação. Tratando-se de um PDM ou de um PU, e admitindo-se que as abrangências geográficas de cada processo perequativo estabelecido sejam relativamente amplas, então poderá considerar-se, para todas as propriedades abrangidas, um mesmo "aproveitamento médio", traduzido em m2 de área bruta de construção, por m2 de terreno. Será apenas de exceptuar situações em que ocorram áreas de dimensão significativa sem aptidão construtiva, como será o caso de leitos de cheia ou outras áreas abrangidas pela REN, que se pretendam incluir em perímetro urbano, para funções ambientais e de lazer. Nestes casos, interessando que integrem o domínio público e, portanto, a perequação, será de lhes atribuir um direito abstracto de construir (não concretizável no local), mas é justo que este seja inferior ao das outras zonas, que apresentam aptidão construtiva.

Tratando-se de plano de pormenor ou unidade de execução, será de considerar, desde logo, na valoração de cada lote, a área bruta de construção, mas também os usos previstos e a dimensão do logradouro. À partida, não se recomenda maior complexidade; ela poderá vir a surgir, mas naturalmente, no próprio processo negocial entre proprietários e não por imposição regulamentar.

---

[24] A consideração diferenciada, ou não, destes vários factores deverá atender ao facto de a perequação não servir para uniformizar o solo, mas para corrigir as *desigualdades que decorrem do plano*, o que significa que *apenas as que por ele foram introduzidas* é que têm de ser superadas através dos mecanismos de perequação, e não já aquelas diferenças que pré-existiam ao plano.

Fixado o "benefício-padrão", há então que estabelecer formas de compensação para as propriedades em que as respectivas possibilidades construtivas lhes sejam superior ou inferior.

Basicamente, tais compensações poderão traduzir-se em terreno e/ou em numerário e poderão ocorrer directamente entre proprietários e/ou entre proprietários e o município.

Perequação de benefícios

	Entre proprietários	Com o município
Em terreno	Associação de Proprietários	Cedências de terreno para construção
Em numerário	Transferência de índices	Taxas Compensações

Comentando, sumariamente, cada um destes instrumentos:

– A Taxação, para ser realmente equitativa, teria que recorrer a valores muito elevados, com a consequente dificuldade de aceitação social; da mesma forma, as compensações implicariam, para os municípios, pagamentos avultados.

– A Transferência de Índices: não é suficientemente equitativa (porque, na prática, não abrange todos os proprietários); poderá originar transferências de locais menos valorizados para os mais valorizados, originando desequilíbrios, numa perspectiva de ordenamento; não assegura cedências de terreno, para equipamentos e espaços públicos.

– As Cedências em Espécie (terreno para construção), se reportadas a uma significativa abrangência geográfica, garantem grande equidade, por envolverem muitos proprietários e por garantirem cedência de terreno para infra-estrutura geral; além disso, perspectivam o relançamento de uma política municipal de solos.

– As Associações de Proprietários, necessariamente reportadas a intervenções específicas, asseguram o máximo de equidade no interior de cada uma, mas não entre elas, nem relativamente ao território abrangente; são, para além da questão perequativa, um instrumento da maior importância para um crescimento ordenado da cidade.

Perante a possibilidade de aplicação destas várias técnicas de perequação dos benefícios, afiguram-se preferíveis, portanto, as compensação em terreno:

– porque mais justas (a transferência de índices é casuística, não abrangendo todos os proprietários; as taxas e compensações tendem a afastar-se dos valores reais de mercado).
– porque potenciam um urbanismo operativo (a associação de proprietários gera soluções de conjunto; as cedências de terreno ao município estimulam e viabilizam uma política fundiária).

De notar que "cedências de terreno entre proprietários e município" e "associação de proprietários" são instrumentos que poderão ser utilizados de forma complementar: perequação no interior de cada "associação", quando esta tenha lugar; perequação, também, entre a operação urbanística correspondente a essa "associação" e a área mais vasta onde se insere; e, ainda, obrigações perequativas em todas as outras operações urbanísticas, não inseridas em "associações".

Na legislação portuguesa, relativamente à perequação dos benefícios, estão previstas as seguintes técnicas:

– Associação de Proprietários, no quadro das "Unidades de Execução" (Decreto-Lei n.º 380/99, artigos 119º a 124º).
– Cedências em Espécie: "Índice Médio de Utilização" (Decreto-Lei n.º 380/99, artigo 139º).[25]
– Transferência de Índice: "Compra e venda de índice médio de utilização" (Decreto-Lei n.º 380/99, artigo 140º).[26]

---

[25] Cfr. Anexo A, anotação ao artigo 139º, do Decreto-Lei n.º 380/99.
[26] Cfr. Anexo A, anotação ao artigo 140º, do Decreto-Lei n.º 380/99.

38   *Perequação – Taxas e Cedências*

– Taxas: entendidas como contrapartida pela remoção do limite legal à possibilidade de construção, com as consequentes vantagens concedidas, poderão ser diferenciadas em função do desvio autorizado, em licenciamento, relativamente a um "benefício padrão" (cfr. Capítulo III, número 5).

3. Técnicas perequativas dos encargos

O princípio da igualdade exige não apenas uma atitude perequativa relativamente à distribuição dos benefícios (possibilidade de construção de edifícios), mas também no que respeita à distribuição dos correspondentes encargos urbanísticos, a imputar a cada promotor.

Para tal, há que fixar:

– um "encargo–padrão", relativo a um "benefício unitário", calculado com base no custo da infraestrutura pública (incluindo, neste conceito, equipamentos e espaços verdes);
– formas de compensação perante desvios relativos a esse "encargo-padrão".

O "encargo-padrão"(E.P.) poderá ser estabelecido através da seguinte fórmula, em que cada um dos itens corresponderá a valores unitários.

$$\text{E.P.} = x\% \text{ . custo infra local (terreno + obra) +}$$
$$+ \quad y\% \text{ . custo infra geral (terreno + obra)}$$

Os custos deverão ser objectivos, calculados.

A fixação das comparticipações ($x\%$, $y\%$) poderá variar de 0% a 100% e corresponderá a uma decisão essencialmente política, que deverá assentar em análises financeira e urbanística.

Mas é de referir, à partida:

– que se justificam amplamente os 100% no que respeita à infraestrutura local (já que é o que acontece em qualquer loteamento que assuma as correspondentes obras de urbanização);

– que se afigura mais discutível saber quem e em que percentagem deverá suportar os custos da infra-estrutura geral (promotores, proprietários, utilizadores e/ou contribuintes em geral?)[27]; daí, justamente, a necessidade de uma decisão política.

Os custos da infra-estrutura pública, aos quais se deverá reportar o "encargo-padrão", deverão, então, ser determinados, para cada situação, através de cálculos que poderão ser aproximados, mas que deverão ser explícitos e transparentes.

Sobre tais custos, poderá referir-se, genericamente:

a) A infra-estrutura geral municipal traduz-se, essencialmente, em redes gerais de água, esgotos e circulação e em equipamentos e zonas verdes de maior dimensão.

As primeiras variarão de cidade para cidade, em função da topografia e das soluções adoptadas, mas os seus custos unitários (por fogo, ou por m2 de abc) poderão não ser muito diferentes.

O dimensionamento de equipamentos e zonas verdes pressupõe a adopção de um rácio por potencial utilizador, pelo que os seus custos unitários são idênticos, nas várias cidades.

Conclui-se, assim, que o custo da infra-estrutura geral não varia muito entre cidades.

Em cálculos efectuados para Évora, chegou-se ao valor de 50 €/ / m2 de abc[28]. Tal número poderá ser utilizado como referência.

b) O custo da infra-estrutura local poderá variar bastante, em função da solução urbanística e das características do terreno.

De notar que a quantidade de terreno para espaço público local depende muito da solução morfo-tipológica adoptada, sem que daí decorram, necessariamente, vantagens ou inconvenientes públicos. Haverá que assegurar, no licenciamento, cedência "quanto baste" para

---

[27] Sobre esta problemática cfr. Bersani, Catherine et. al., *Qui Doit Payer la Ville*, ADEF, Paris, (1996).

[28] Cf. Plano de Urbanização de Évora. Relatório.

infra local, mas apenas essa. Não será, pois, de a incluir em processos perequativos de âmbito genérico. Poderá justificar-se, contudo, a fixação de um mínimo, que terá sobretudo consequências compensatórias em processos de construção que assentem em infra-estruturas pré-existentes, realizadas por outrem. Da análise de diversas soluções urbanísticas, conclui-se que dificilmente se conseguirá boa qualidade com espaço público inferior a 0.5 m2/ m2 de abc.

No que respeita às obras de urbanização, genericamente, para terrenos sem dificuldade especial, em soluções de boa qualidade urbana e sem excesso (inútil) de espaço público, poderá pensar-se em valores da ordem dos 25 a 40 € / m2 de abc. Em terrenos de grande declive, que exigam muros de suporte, os custos poderão quase duplicar.

Também estes valores poderão ser utilizados como referência, sendo de sublinhar que, para as infra-estruturas locais, o "encargo-padrão" a fixar deverá corresponder a um mínimo e não a um médio. De facto, soluções mais dispendiosas decorrerão da solução morfo-tipológica (de um modo geral, da responsabilidade do promotor), ou das características do terreno (sua vinculação situacional), não se justificando, pois, que dêem lugar a compensação.

Os encargos dos promotores poderão ser suportados através de cedências de terreno, realização de obras de urbanização e/ou prestações pecuniárias (taxas e /ou compensações).

Sendo certo que é o somatório dos encargos que importa ponderar, haverá vantagem operativa em distinguir encargos com terrenos e encargos com obras, fixando uma "cedência-padrão" e um "encargo-padrão com obras de urbanização" e em utilizar as prestações pecuniárias (taxas e compensações) como mecanismos perequativos (para tal, o seu valor deverá corresponder a um residual, traduzindo obras e cedências, não concretizadas ou realizadas em excesso).

Desta forma, a compensação, perante situações em que obras de urbanização e cedências realizadas se desviem do "encargo-padrão" traduzir-se-ia em prestação pecuniária (taxas e/ou compensações; desconto nas taxas e/ou aquisição de terreno para infraestrutura pública) e ocorreria em cada operação urbanística.

Esta perequação dos encargos, para ser de facto abrangente, deverá ocorrer em todos os casos, com compensação entre cada operação urbanística e o município.

Tal não impede que possa ter havido, previamente, uma outra perequação, entre proprietários, no quadro de uma eventual "associação" entre eles.

Na legislação portuguesa, relativamente à perequação dos encargos, estão previstos:

- cedência-padrão de terreno para infraestrutura pública e compensação pecuniária por eventuais desvios: "Área de Cedência Média" – Decreto-Lei n.º 380/99, artigo 141º;[29]
- orientações genéricas sobre "repartição dos custos de urbanização" (Decreto-Lei n.º 380/99, artigos 118º, n.º 3 e 142º) e possibilidade de as aplicar através de:

  - exigência de realização de obras de urbanização (Decreto-Lei n.º 555/99),
  - "taxa pela realização, manutenção e reforço das infraestruturas urbanísticas" (Decreto-Lei n.º 555/99, artigos 3º e 116º).[30]

4. A abrangência geográfica da perequação

Já se referiu que a fixação de um "benefício-padrão" e de um "encargo-padrão" deverão basear-se em cálculos rigorosos e transparentes (o que não significa nem implica grande complexidade) e terão, necessariamente, que se reportar a uma determinada área geográfica.

Tal área poderia ser: a totalidade do território nacional; a totalidade de cada município; a totalidade de cada aglomerado urbano; cada uma das diversas "partes" do aglomerado urbano; cada unidade onde ocorra uma operação urbanística.

---

[29] Cfr. Anexo A, anotação ao artigo 141º do Decreto-Lei n.º 380/99.

[30] Cfr. Anexo A, anotação a estes artigos.

De notar que o princípio da igualdade exige tratamento igual para situações iguais. Diferentes condicionantes, pré-existências, localizações, poderão justificar tratamento desigual, entendendo-se que este não decorrerá do plano, mas da "vinculação situacional" dos terrenos.

A distinção entre os casos em que a desigualdade decorre do plano, ou em que decorre da vinculação situacional do terreno, é por vezes fácil (vejam-se os exemplos referidos no ponto 1), mas outras vezes é discutível e, portanto, sujeita a interpretação política.

A legislação portuguesa remete para o município a fixação dos critérios perequativos e sublinha que estes deverão ser fixados em PDM.

Tal não significa que o município tenha que fixar um mesmo critério para todo o seu território; mas obriga-o a encará-lo na sua globalidade e a fixar critérios, iguais ou diferentes, mas devidamente justificados, para cada uma das partes em que, para o efeito, entenda subdividi-lo.

Perante esta problemática, afigura-se preferível a adopção da máxima abrangência geográfica possível e que esta é, hoje, a totalidade de cada aglomerado urbano.

Abrangência superior (todo um território concelhio, em municípios com grandes áreas rurais) traduzir-se-ia na socialização do direito de urbanizar, o que se afigura incompatível com a sociedade actual.

São várias as razões que nos levam a preferir esta abrangência geográfica:

- maior igualdade entre os benefícios dos proprietários (sem afectar diferenças decorrentes da cada localização, já que o valor do metro quadrado de possibilidade construtiva varia com essa localização);
- obtenção, pelo município, dos terrenos necessários à infraestrutura pública, nos locais adequados, com o contributo directo ou indirecto de todos os proprietários/promotores;
- contributo para uma melhoria do mercado imobiliário já que: a fixação de um mesmo benefício padrão, facilmente divulgável, o tornará mais transparente; a fixação de um mesmo encargo padrão permitirá a internalização das externalidades correspondentes à infraestrutura pública.

Reafirma-se, contudo, que uma decisão sobre o assunto é discutível, exigindo interpretação política.

Entre as situações que admitem diferente interpretação, poderão referir-se: o distinguir, ou não, entre áreas urbanizáveis e áreas a consolidar; o distinguir, ou não, entre áreas urbano/urbanizáveis mais próximas ou mais afastadas do centro.

É facto que nas áreas consolidadas e/ou a consolidar as expectativas construtivas são superiores, o que constitui justificação para um tratamento desigual. Em sentido contrário, poderá utilizar-se o argumento que tais áreas necessitam, e muito, de ver aumentado o seu espaço público.

É facto que nas áreas mais próximas do centro a generalidade das expectativas (e dos planos) apontam para índices construtivos superiores aos das áreas mais periféricas. Mas também é verdade que, de uma forma geral, é nessas áreas que é adequado localizar equipamentos públicos que exigem grandes áreas (nomeadamente escolares e desportivos). Assim sendo, contas feitas, a sua construtibilidade média será similar á de outras zonas mais periféricas, com índices construtivos inferiores, mas que não justificam equipamentos de grandes áreas.

De qualquer forma, afigura-se aceitável que, em alternativa a fazer corresponder o perímetro perequativo à globalidade de um aglomerado, se considere este dividido, para o efeito, em grandes áreas, similares entre si.

Errado, certamente, seria reduzir a *concepção* e *regulamentação* da perequação apenas ao interior de cada "unidade de execução", já que ficariam de fora todas as áreas por elas não abrangidas, e também porque não ficaria assegurada a cedência de terrenos para infra-estrutura geral (exigindo esta grandes áreas, tal encargo não poderá deixar de ser repartido pela generalidade dos beneficiários). [31]

---

[31] Para além do mais, a previsão de mecanismos de perequação ao nível de planos de urbanização ou de PDMs pode revelar-se fundamental se partirmos do princípio, como pensamos que se deve partir, que existe um outro nível de perequação que é necessário alcançar: não apenas a perequação dentro das unidades de execução ou de um mesmo plano de pormenor, mas também a perequação entre unidades de execução e entre planos de pormenor.

5. O papel de cada instrumento de planeamento urbanístico na montagem do processo perequativo

São vários os normativos genéricos sobre perequação, decorrente do imperativo constitucional que obriga toda a actividade da Administração Pública a respeitar o princípio da igualdade:

- Artigo 18° da Lei de Bases da Política de Ordenamento do Território e de Urbanismo (LBPOTU): *"Os instrumentos de gestão territorial vinculativos dos particulares devem prever mecanismos equitativos de perequação compensatória..."*.
- Artigo 135° do Decreto-Lei n.° 380/99: *"Os proprietários têm direito à distribuição perequativa de benefícios e encargos..."*
- Artigo 136°, n.° 1 do Decreto-Lei n.° 380/99: *"Os instrumentos de gestão territorial vinculativos dos particulares devem prever mecanismos directos ou indirectos de perequação..."*
- Artigo 136°, n.° 2 do Decreto-Lei n.° 380/99: *" A aplicação dos mecanismos de perequação... realiza-se no âmbito dos planos de pormenor ou das unidades de execução..., segundo os critérios adoptados no plano director municipal"*.

Esta última norma sublinha que os critérios perequativos devem ser estabelecidos em PDM, ou seja, que devem decorrer de uma leitura e de uma política para a globalidade de cada concelho.

É omissa no que respeita ao PU. Que interpretação dar a tal omissão? Naturalmente que não poderá ser interpretada como negação das restantes normas do diploma (artigos 135° e 136°, n.°1), do artigo 18° da LBPOTU e do próprio imperativo constitucional. Uma interpretação possível é a de que o legislador terá considerado que, estando os critérios estabelecidos em PDM, não seriam necessários a nível do PU. Mas, então, haverá que concluir que a elaboração de PUs não poderá antecipar a revisão do PDM, ou, então (o que se afigura mais conforme globalidade do quadro normativo) que, quando tal antecipação aconteça, o PU deverá obrigatoriamente estabelecer critérios perequativos.

A norma refere que a aplicação dos mecanismos de perequação se realiza no âmbito dos planos de pormenor (PP) e das unidades de

Perequação 45

execução (UE), o que faz sentido face ao conteúdo material do PP (artigo 97º) e é óbvio face ao instrumento operativo que é a UE.

É omissa relativamente às áreas não integradas em PP ou UE, e ao licenciamento que nelas ocorra.

Que interpretação dar a tal omissão? Também esta não poderá ser interpretada como negação dos princípios, pelo que deverá concluir-se que, pelo menos nas áreas de expansão urbana, não poderá ocorrer licenciamento não precedido de PP ou UE, ou (o que se afigura mais consentâneo com o quadro legal e a prática estabelecida), que tal licenciamento, a acontecer, também deverá obedecer a critérios perequativos, os quais deverão ser estabelecidos no PDM (ou então no PU).[32]

Dir-se-á, então, em conclusão, que:

a) A obrigação perequativa abrange todos os planos municipais de ordenamento do território e deverá ter consequências em todas as operações urbanísticas;

b) Apenas será dispensável a fixação de mecanismos perequativos em instrumentos respeitantes a áreas já a eles sujeitas (o que não significa que tais mecanismos não possam ser revistos e/ou desenvolvidos; aliás, deverão sê-lo se, face ao novo instrumento, se revelarem desadequados ou insuficientes).

6. Síntese conclusiva

De tudo quanto foi referido até este momento, eis as principais linhas de raciocínio a reter:

6.1. Os planos são, por natureza, diferenciadores relativamente à futura utilização do território. Tal diferenciação:

– limita-se, por vezes, ao reconhecimento de uma situação pré--existente, traduzindo a vinculação situacional do terreno;

---

[32] Refere a lei que a aplicação de mecanismo de perequação se realiza no âmbito de planos de pormenor ou unidades de execução.

Uma leitura possível, é a do legislador ter partido do princípio de que se torna difícil fazer perequação em áreas territoriais mais extensas (sendo preferível fazê-la

46   *Perequação – Taxas e Cedências*

– é criadora, noutros casos, de desigualdades entre propriedades similares, podendo ter fortes consequências na evolução da respectiva renda fundiária.

Estando toda a administração pública sujeita ao princípio da igualdade, é imperativo que, para estes últimos casos, sejam adoptadas medidas compensatórias, a que se chamará "mecanismos perequativos".

6.2. Os mecanismos perequativos visam uma repartição tão igual quanto possível dos benefícios e encargos derivados da actividade administrativa urbanística (planos de ordenamento e licenciamento).

Cada processo perequativo terá que se referenciar a uma determinada área ("abrangência geográfica" da perequação), para a qual terão que ser fixados um "benefício-padrão" e um "encargo-padrão".

6.3. O benefício-padrão traduzirá um valor médio das diferentes possibilidades construtivas decorrentes dos planos.

Pressupõe que sejam consideradas, comparativamente, as potencialidades construtivas pré-plano de cada uma das propriedades, as quais poderão ser assumidas como iguais ou diferentes, por m2 de terreno.

Poderá exprimir-se, simplesmente, em m2 de abc / m2 de terreno; mas poderá assumir formas mais complexas, considerando usos, tipologia e/ou localização.

---

em áreas mais restritas do que não a fazer), o que não seria o mesmo que dizer que ela é impossível em áreas mais amplas do que as de planos de pormenor ou unidades de execução ou fora delas.

Quanto a nós, a leitura mais conforme globalidade do diploma é a de que: tal referência sublinha a orientação de que o essencial da execução do plano se deverá realizar naquele âmbito; mas que, a ocorrer licenciamento fora desse enquadramento, este não poderá deixar de obedecer, também, a mecanismos perequativos; e, para tal, é necessário que o modelo perequativo seja concebido num âmbito mais alargado; será por isso mesmo que o diploma explicita que os critérios perequativos deverão ser estabelecidos pelo PDM

O Decreto-Lei n.º 380/99 (artigo 139º) aponta para a adopção de um "índice médio de utilização", traduzido em m2 de abc / m2 de terreno; mas admite que o município adopte o benefício-padrão que entenda mais conveniente.

6.4. O encargo-padrão traduzirá a comparticipação de cada promotor, por benefício unitário, nos custos da infra-estrutura pública (incluindo, neste conceito, equipamentos e espaços verdes).

Deverá distinguir-se infra-estrutura geral de infra-estrutura local e considerar-se, relativamente a cada uma delas, cedência de terreno e obras de urbanização.

Relativamente à infra-estrutura geral, que a todos irá servir, surge como adequado a fixação de *encargos médios* com terreno e obras de urbanização.

Para a infra-estrutura local, que servirá especialmente os edifícios integrados em cada operação urbanística, e cujos custos dependerão das características do terreno e da solução morfo-tipológica adoptada pelo promotor, afigura-se mais adequado fixar *encargos mínimos*.

A legislação em vigor (Decreto-Lei n.º 380/99) remete para o município a fixação destes encargos, prevendo que possam, designadamente:

– estabelecer uma "área de cedência média" (artigo 141º);
– fixar a comparticipação nas obras de urbanização (artigo 142º).

6.5. A abrangência geográfica de cada processo perequativo corresponde a uma decisão importante, que a legislação em vigor remete para o município.

Poderá ser: a totalidade do território municipal; a totalidade de um aglomerado urbano; cada uma das partes em que, para o efeito, poderá ser dividido o aglomerado urbano; cada unidade de execução.

A primeira hipótese, pelo menos para os concelhos com grandes áreas rurais, traduzir-se-ia num benefício-padrão muito pequeno e, consequentemente, no socializar do direito de urbanizar, o que se afigura pouco compatível com os paradigmas da sociedade actual.

A última hipótese seria desadequada. É certo que terá que haver perequação no interior de uma unidade de execução. Mas tal não é suficiente, porque deixaria de fora todas as operações urbanísticas não inseridas em unidade de execução e porque dificilmente asseguraria as cedências de terreno para infra-estrutura geral.

Recomenda-se, pois, que as regras perequativas, a estabelecer pelo município, abranjam a globalidade do aglomerado urbano ou, em alternativa, grandes áreas, similares à partida, em que para o efeito este seja dividido.

6.6. Nas situações em que a possibilidade construtiva objectiva, decorrente do plano, se afaste do "benefício–padrão" deverão ser estabelecidas compensações correctivas, as quais se poderão traduzir em terreno e/ou em numerário e poderão ocorrer entre proprietários e/ou entre estes e o município.

A legislação em vigor remete para o município a regulamentação desta perequação de benefícios, referindo e/ou admitindo os seguintes mecanismos, que poderão ser utilizados com alternativos ou complementares:

a) "Índice médio de utilização" (Decreto-Lei n.º 380/99, artigo 139º): benefício-padrão estabelecido em m2 de abc / m2 de terreno; compensação do proprietário ao município, quando for o caso, através de cedência para domínio público municipal de terreno com a capacidade construtiva em excesso; compensação do município ao proprietário, quando for o caso, através de desconto nas taxas e/ou aquisição da parte do terreno menos edificável.

b) "Compra e venda do índice médio de utilização" (Decreto-Lei n.º 380/99, artigo 140º): pressupõe que este esteja definido; acontecerá entre proprietários; está sujeito a comunicação ao município e a registo predial.

c) Associação entre proprietários, no âmbito de unidade de execução: regras perequativas a estabelecer entre eles, partindo de uma valorização prévia dos direitos inerentes a cada propriedade.

d) Taxas urbanísticas (entendidas como contrapartida por remoção a limite legal, com as consequentes vantagens concedidas): diferenciando-as em função do afastamento do direito concreto (licenciado) relativamente ao benefício-padrão.

6.7. Fixados encargos-padrão para os promotores, em cedência de terreno e obras de urbanização, para a infra-estrutura geral e para a local, haverá que fixar compensações para as operações urbanísticas que deles se afastem.

Para tal, haverá que contabilizar tais desvios e traduzi-los em prestações pecuniárias, sem prejuízo da compensação poder, em alternativa, ocorrer em espécie.

A legislação em vigor remete, mais uma vez, para o município a necessária regulamentação, prevendo:

a) perequação de encargos entre proprietários, no âmbito das unidades de execução;
b) compensação pecuniária e/ou em espécie nos casos de desvio relativamente à "área de cedência média" fixada (Decreto-Lei n.º 380/99, artigo 144º);
c) "taxa pela realização, manutenção e reforço das infra-estruturas urbanísticas" (Decreto-Lei n.º 555/99, artigos 3º e 116º).

7. Proposta de um modelo

De tudo o que foi dito, ressalta a circunstância de que a legislação em vigor relativa à perequação estabelece princípios, aponta caminhos, chega a desenhar instrumentos, mas coloca nas mãos dos municípios o estabelecimento das regras a aplicar em cada território.

Sublinhado este aspecto, e considerando que cada realidade específica poderá justificar diferentes opções, mesmo assim se afigura possível formular um modelo perequativo genérico que, face à transformação "urbanística" que tem vindo a ocorrer no território português e face à legislação em vigor, se nos apresenta como genericamente adequado para prosseguir os objectivos de justiça e de ordenamento do território.

Começando pela **abrangência geográfica**, diremos que a perequação deverá ocorrer em dois âmbitos, que não se excluem, antes se complementam:

– o de uma operação urbanística específica, enquadrada por unidade de execução e/ou plano de pormenor;

50 Perequação – Taxas e Cedências

– o da globalidade de um aglomerado urbano ou, em alternativa, de cada uma das partes em que, para o efeito, for dividido.

Ao nível de cada operação urbanística, o ideal será que ela se organize através de um processo associativo e, portanto, seja enquadrada por unidade de execução.

Assim sendo, afigura-se desnecessária qualquer regulamentação municipal para a perequação que, neste âmbito, ocorrerá entre proprietários. As regras estabelecidas pela lei geral (Decreto-Lei n.º 380/99, artigos 120º, 122º e 125º) são suficientes para que, livremente, se possam entender, sem prejuízo de poderem ser assessorados, a seu pedido, pelos serviços municipais.

De qualquer forma, será necessário: efectuar uma valorização prévia dos direitos inerentes a cada propriedade; apurar a totalidade dos encargos; avaliar, comparativamente, cada um dos lotes que irão ser constituídos, considerando área bruta de construção, usos e tipologias.

Resolvendo o município enveredar pela formalização de um plano de pormenor, terá que proceder da mesma forma. Mas se a operação a realizar for compatível com associação de proprietários, o plano poderá ser desnecessário e, tendo "força de lei", até poderá ser paralisante.

Outra situação, bem diferente, poderá ser o de um plano de reabilitação, que se preveja venha a concretizar-se sobretudo lote a lote, só pontualmente justificando parcerias. Aliás, nesta situação e mantendo-se no essencial o volume já edificado, a questão perequativa nem sequer se coloca, já que o plano não será criador de desigualdades.

O município deverá, sim, estabelecer regras perequativas para a globalidade de cada aglomerado urbano, ou para cada uma das grandes partes em que, para o efeito, o divida.

Optando por essa divisão, ela terá que ser justificada com base em diferenças objectivas, existentes entre elas e prévias ao plano.

Situações que poderão facilmente justificar a diferenciação são:

– circunstâncias biofísicas, fortemente diferenciadoras da aptidão construtiva de grandes áreas;

– distinção entre áreas urbanas (já em grande parte infra-estruturadas e edificadas) e áreas urbanizáveis (fundamentalmente
ainda rurais).

A localização face a centralidades, acessibilidades e/ou pré-existências morfo-tipológicas, poderá também justificar diferenciação. Mas
tais opções afiguram-se discutíveis, exigem contas, exactamente porque as áreas para as quais esses argumentos justificam maior densidade
são, normalmente, aquelas onde se deverão também localizar equipamentos e zonas verdes que exigem grandes áreas.

Para a globalidade de um aglomerado, para a totalidade das suas
áreas de expansão, ou para cada uma das suas áreas de expansão, poderão se adoptadas as seguintes **regras perequativas**:

a) Para a perequação dos benefícios:

a1) "índice médio de utilização", conforme Decreto-Lei
n.º 380/99, artigo 139º, n.ºs 3 e 4, calculado com rigor
face às propostas do plano (plano director ou, preferencialmente, plano de urbanização); existindo áreas sem
aptidão construtiva e de dimensão significativa, justifica-
se que, nos cálculos e nas regras a estabelecer, lhes seja
atribuído um direito abstracto inferior, por exemplo de 1/3
dos restantes;

a2) abc a licenciar não podendo exceder o índice médio, salvo
situações específicas, nomeadamente:
– face a propriedades parcialmente ou insuficientemente
edificadas, em que se poderá aplicar a regra perequativa apenas à proporção não edificada,
– quando tal se revele indispensável para acerto entre
lotes e abc, tendo em conta o necessário equilíbrio
volumétrico do conjunto;

a3) compensações, perante edificabilidades superiores ou
inferiores ao índice médio, conforme Decreto-Lei n.º 380/
/99, artigo 139º, n.ºs 5 a 8.

b) Para a perequação dos encargos:

b1) esforço perquativo para o somatório dos encargos de cada promotor, e não necessariamente para cada uma das parcelas: cedência de terreno, obras de urbanização e prestações pecuniárias (taxas ou compensações);

b2) iguais encargos, proporcionais aos benefícios[33], para todo o tipo de operações urbanísticas (loteamentos que realizam obras de urbanização; loteamentos que não realizam obras de urbanização; edificações não precedidas de loteamento), sem duplicação de encargos (nomeadamente nos casos de edificações precedidas de loteamento);

b3) encargo-padrão relativo à infra-estrutura geral, englobando:
– "área de cedência média", conforme Decreto-Lei n.º 380/99, artigo 141º, n.º 2, b), calculada com rigor face às propostas do plano [34];
– comparticipação nos custos da infra-estrutura geral, numa percentagem que poderá variar de 0% a 100% (decisão política, considerando realidades locais); para o cálculo do custo unitário poderá considerar-se o valor do programa plurianual de investimentos conforme Decreto-Lei n.º 555/99, artigo 116º, n.º 5, b) dividido pela abc que, previsivelmente, irá ser construída no mesmo período;
– compensações, perante encargos superiores ou inferiores dos promotores: conforme Decreto-Lei n.º 380/99, artigo n.º 141º, n.ºs 3, 4 e 5, no que respeita ao terreno; através de prestação pecuniária, relativamente às obras de urbanização.

---

[33] De sublinhar que, numa perspectiva de ordenamento do território, nenhum critério de racionalidade justifica que, como acontece na maior parte dos municípios, a construção não precedida de loteamento e as vivendas individuais suportem custos unitários menores. De facto, as primeiras originam desordem e ambas se traduzem em maiores custos de infra-estrutura. A existir diferenciação, deveria, pois, ser de sinal contrário.

[34] Variando com o plano, será de esperar um valor entre os 0.5 m2 e os 1.0 m2/m2 de abc.

b4) encargo mínimo relativo às infra-estruturas locais, englobando cedência de terreno e obras de urbanização [35]; compensação, através de prestação pecuniária, nos casos em que os encargos do promotor sejam inferiores a esses mínimos.

Os encargos com as infra-estruturas gerais, que a todos irão servir, deverão ser iguais para a globalidade de cada aglomerado urbano.

Os encargos com as infra-estruturas locais poderão ser diferenciados para cada uma das partes do aglomerado, mas também poderão ser iguais (evitando muitos cálculos e complexidade), já que se tratam de encargos mínimos.

De qualquer forma entende-se que o modelo proposto, unitário ou diferenciado, deverá ser aplicado á totalidade das áreas urbanas, apenas se vislumbrando razões para excepção de ordem desenvolvimentista ou social. Mas será preferível, porque mais transparente, que tais casos tenham tradução regulamentar através de isenções e/ou reduções bem explícitas.

Quanto à perequação dos benefícios, afigura-se aceitável que, para as áreas já urbanizadas (dominantemente infra-estruturadas e edificadas), e apenas para essas, o município adopte um modelo alternativo ao atrás formulado.

De facto, em tais áreas, as cedências de terreno e obras de urbanização a cargo do promotor serão, na maioria dos casos, inexistentes ou de pouca monta, pelo que a compensação tenderá a ser feita através de prestação pecuniária.

Sendo assim, nestes casos, poderá optar-se explicitamente por essa técnica, utilizando taxas e compensações como mecanismo perequativo, já não só dos encargos mas também dos benefícios. A isso se voltará no ponto 8 do capítulo III.

---

[35] Tais encargos, poderão variar muito com as características do terreno e com o desenho urbanístico. Para um terreno sem dificuldades, numa solução sem desperdícios, mas com suficiente qualidade, dificilmente serão inferiores a 0.5 m2 de espaço público/ m2 de abc e a um custo de 25 €/ m2 de abc com as obras de urbanização. Estes valores poderão, portanto, ser utilizados como mínimos.

CAPÍTULO III

TAXAS E CEDÊNCIAS URBANÍSTICAS[36]

1. Noção jurídica de taxa

1.1. *Elementos definidores de taxa*

Foi Teixeira Ribeiro quem deu da taxa uma noção que permite identificar os seus elementos essenciais. Com efeito, para este Autor *"a taxa pode ser alternativamente definida ou como quantia coactivamente paga pela utilização individualizada de bens semi-públicos ou como o preço autoritariamente fixado por tal utilização."* [37]

---

[36] Seguimos aqui muito de perto o nosso *Breve Reflexão sobre Taxas Urbanísticas em Portugal*, Coimbra, CEFA, 1998.

[37] Cfr. Teixeira Ribeiro, "Noção Jurídica de Taxa", in *Revista de Legislação e Jurisprudência*, Ano 117, N.º 3727, p. 289 e ss. Esclarece, ainda, este autor que *"os bens semi-públicos são bens públicos que satisfazem, além de necessidades colectivas, necessidades individuais, isto é, necessidades de satisfação activa, necessidades cuja satisfação exige a procura de bens pelo consumidor. Precisamente porque os bens semi-públicos satisfazem necessidades individuais, o Estado já pode conhecer quem é que particularmente pretenda utilizá-los ou os utiliza e pode, por conseguinte, tornar essa utilização dependente de, ou relacioná-la com o pagamento de uma certa quantia. Se o fizer, paga voluntariamente e temos receita patrimonial, ou é paga coactivamente e temos uma taxa"*. Os elementos essenciais da taxa são em geral objecto de um amplo consenso na doutrina e na jurisprudência, sendo esta geralmente aceite como sendo uma *"presta-*

Tendo em consideração esta noção, é possível identificar os seus *elementos constitutivos*, elementos estes essenciais quando se trata de distinguir a taxa de outras prestações financeiras. Vejamos, pois, em que consiste cada um deles.

A taxa, é, antes de mais, *uma prestação pecuniária,* ou seja, uma prestação com valor pecuniário ou susceptível de ter valor pecuniário que é estabelecida de uma forma *autoritária.* Isto significa que, tal como o imposto, a taxa é coactiva, ou seja, tem origem não em negócios jurídicos, mas em factos. O carácter coactivo da taxa resulta de não ser negocialmente assumida a obrigação de a pagar, nem o seu montante. Tal obrigação decorre de o respectivo obrigado se encontrar em determinadas circunstâncias, não estando, por isso, a taxa dependente da sua vontade. As taxas são, pois, determinadas *ope legis* e não *ex volontate.*[38]

Por outro lado, a taxa é estabelecida como a *contrapartida de uma actividade pública.* Esta é a principal característica da taxa que a diferencia da figura dos impostos. Com efeito, as taxas têm como característica essencial a sua *bilateralidade* ou, como alguns preferem, *sinalagmaticidade,* o que significa que há lugar, da parte do sujeito activo (quem recebe a taxa), a uma contrapartida real específica (*individualizável*) em favor do sujeito passivo (quem paga a taxa). Uma é a contraprestação da outra.[39]

ção pecuniária, de carácter não sancionatório, unilateralmente definida pelo titular do poder tributário, que são devidas pela utilização individualizada ou por um serviço público prestado no âmbito de uma actividade pública, ou pelo uso de bens públicos ou, finalmente, pela remoção de um obstáculo jurídico à utilização de um serviço ou bem públicos". Cfr. Benjamim Rodrigues, "Para uma Reforma do Sistema Financeiro e Fiscal do Urbanismo em Portugal", in *Ciclo de Colóquios "O Direito do Urbanismo do Sec. XXI,* Coimbra, Almedina, 2001.

[38] Cfr. Aníbal de Almeida, *Estudos de Direito Tributário*, Coimbra, Almedina, 1996, p. 63.

[39] Quer a taxa se caracterize pela existência de um *nexo de sinalagmaticidade* entre a prestação do obrigado tributário e a contraprestação da autoridade pública ou na existência de uma *relação de bilateralidade* entre elas, o que nunca pode deixar de existir é, nas palavras de Benjamim Rodrigues, *"... um nexo de correspectividade material entre a prestação do contribuinte e o bem público prestado pela autoridade*

Taxas e Cedências Urbanísticas

À taxa corresponde, pois, uma prestação do ente público que consiste precisamente em este ter cedido, estar a ceder naquele momento ou ceder no futuro a utilização de um "bem semi-público". Este consiste na disponibilização ao particular de um *serviço público*, na concessão da possibilidade de *uso privativo de um bem do domínio público* ou na *remoção administrativa de limites legais à actividade dos particulares*, prestação essa que não tem de ser imediata ao pagamento da taxa, podendo ser feita no futuro. A contraprestação propiciada ao particular pelo ente público corresponderá, pois, à concessão de uma *vantagem*, sendo a taxa a contrapartida desta.

De acordo com a doutrina e a jurisprudência são várias as características que identificam a contrapartida pública da taxa.[40]

Desde logo, e em primeiro lugar, afirma-se em regra que a taxa tanto pode ser *originada numa solicitação espontânea*, como pode ser *imposta pela lei*. Com efeito, a utilização dos bens por que se paga a taxa tanto pode ser voluntária como obrigatória e, esta última, por sua vez, pode ser solicitada ou não solicitada. Um exemplo de taxa obrigatória não solicitada é a da taxa obrigatória pela utilização do sistema de tratamento de resíduos sólidos cobrada simultaneamente com a taxa pelo consumo de água. Como afirma Cardoso da Costa, à prestação do particular (taxa) corresponde como contrapartida uma actividade da Administração especialmente dirigida ao correspondente obrigado, *a qual não tem de depender necessariamente de solicitação espontânea do particular*.[41] A actividade do ente público pela qual se paga a taxa

---

pública como aptente, objectiva e subjectivamente (à luz do contribuinte médio), para satisfazer individualizadamente a necessidade do obrigado tributário". Como afirma este autor, onde não se possa falar de uma fruição de bens públicos ou susceptível de ser sentida pelo contribuinte médio, enquanto pacificando uma sua necessidade, não é possível ver em tal prestação pública a contraprestação correspectiva de uma taxa. Cfr. Benjamim Rodrigues, *ob. cit., p. 183.*

[40] Sobre as características da contraprestação pública da taxa, *vide*, entre outros, Eduardo Paz Ferreira, *Ainda a Propósito da Distinção entre Impostos e Taxas: o Caso da Taxa Municipal Devida pela Realização de Infra-estruturas Urbanísticas*, in Ciência e Técnica Fiscal, N.º 380, 1995, p. 75 e ss.

[41] Cfr. Cardoso da Costa, *Curso de Direito Fiscal*, 2ª edição, Coimbra, 1972, p. 11 e 12.

Perequação – Taxas e Cedências

pode, assim, ser imposta, no sentido de que a Administração pode impor, com base nos seus poderes de organização e fiscalização, a utilização dos seus serviços, a troco do pagamento das taxas.

Outra característica da contraprestação pública é a da *inexigibilidade da sua equivalência económica com a taxa que o particular paga*. Com efeito, só muito casualmente existirá equivalência económica ou precisa entre a prestação e a contraprestação, entre o quantitativo da taxa e o custo da actividade pública ou vantagem auferida pelo particular. Ao conceito de sinalagma importa uma equivalência jurídica e não necessariamente uma equivalência económica. O que é fundamental é que existam prestações recíprocas: se uma não for cumprida, o devedor da outra pode recusar o seu cumprimento ou exigir a devolução do que houver cumprido, se o tiver feito antes do incumprimento da outra parte.

Sobre este aspecto, Teixeira Ribeiro entende que as taxas de montante superior ao custo não constituem impostos na parte excedente, visto manterem o seu carácter bilateral, dependendo aquele montante da finalidade que o ente público deseja alcançar.[42] Com efeito, o carácter sinalagmático da taxa não exige a correspondência do seu montante ao custo do bem ou serviço prestado.[43]

---

[42] As taxas podem, com efeito, responder a várias finalidades. Nas palavras de Aníbal de Almeida, as taxas, como receitas públicas, ocorrem em resposta à prossecução de vários géneros de finalidades típicas, sós ou predominantemente: ou como *taxas compensadoras* (repartição mediante o critério da extensão e intensidade do uso); ou como *taxas moderadoras* (visam moderar o uso dos serviços, reduzindo a procura que se lhes dirige aos casos dignos de desencadear o seu funcionamento) ou, ainda, finalmente, enquanto *taxas (meramente) estatísticas* (de expressão monetária quase insignificante instituídas e cobradas com o único fim de memória e registo). Cfr. Aníbal de Almeida, *ob. cit.*, p. 64 e 65.

[43] A ideia de que a bilateralidade que caracteriza a taxa se mantém mesmo na parte excedente do custo foi já defendida pelo Tribunal Constitucional, no Acórdão n.º 205/87, (DR, 1ª série, 3 de Julho de 1987), no qual entendeu não ser só por si de qualificar a taxa como imposto ou de lhe conceder um tratamento constitucional de imposto se o respectivo montante exceder o custo dos bens e serviços prestados ao utente (cfr., também o Acórdão n.º 640/95, DR, 2ª série de 20 de Janeiro de 1996).

Vieira de Andrade, na senda de uma doutrina que se tem vindo a consolidar, afirma igualmente que a contraprestação não tem de ser economicamente equivalente à taxa, mas à equivalência jurídica entre a taxa e a sua contraprestação deve andar associada uma ideia de proporção: uma taxa de montante excessivo deve ser considerada imposto.[44]

Uma terceira característica essencial da contraprestação pública é a de que ela deve *dirigir-se especificamente ao respectivo obrigado*.[45]

---

[44] Cfr. Vieira de Andrade, *Direito Administrativo e Fiscal*, policopiados, Coimbra, 1997, p.8. No mesmo sentido, cfr. Paulo Pitta e Cunha/Xavier de Basto/ /Lobo Xavier, *Conceitos de Taxa e Imposto*, in Fisco, Ano 5, N.º 52/53, 1993, p. 8, para quem terá de existir um mínimo de proporção ou de equilíbrio entre a quantia exigida e a actividade do ente público. Ainda segundo estes autores, "... *o montante das taxas não pode ser fixado sem critério: haverá sempre que respeitar um mínimo de proporção entre o custo e a quantia que é exigida, em troca, pela Administração*".

[45] É por esta característica que a doutrina costuma distinguir as taxas das *contribuições especiais*. Com efeito, nestas, a contrapartida ao pagamento pelo particular de uma determinada quantia não consiste numa actividade ou prestação *especialmente dirigida a ele*. Apesar de existir uma utilidade individualizável para o contribuinte, os tributos especiais não podem considerar-se taxas, porque, no que concerne às *contribuições de melhoria*, a actividade beneficiadora não é *especialmente dirigida ao obrigado* e, quanto às *contribuições por maiores despesas*, o prejuízo não tem de ser real, nem o destino da receita é consignado a essa finalidade específica.

Cardoso da Costa afirma, a este propósito, que os tributos especiais encontram o seu fundamento a sua causa na circunstância de o contribuinte auferir de uma particular vantagem duma actividade administrativa que *lhe não é especialmente dirigida*, mas antes se destina a beneficiar indistintamente todos os membros da colectividade ou antes no facto de o contribuinte provocar com a sua actividade uma maior despesa do ente público. Não há, nestes casos, nenhuma contraprestação, em termos rigorosos, por parte do ente que os cobra.

Os tributos especiais estão sujeitos ao mesmo regime dos impostos. Cfr., a este propósito, o Acórdão do Tribunal Constitucional n.º 236/94 (DR, 1º série-A, de 7 de Maio de 1994), que declarou a inconstitucionalidade da norma constante na parte final do artigo 12º do Regulamento do Plano Geral de Urbanização da Cidade de Lisboa, aprovado pela Portaria n.º 274/77, de 19 de Maio, na parte em que aprovou o "encargo de compensação por deficiência de estacionamento" (a pagar pelos construtores dos prédios de Lisboa que fossem dispensados de assegurar uma determinada área útil de parqueamento por habitação), por violar a reserva legal em matéria de

Como afirma Teixeira Ribeiro, a taxa é a quantia coactivamente paga pela *utilização individualizável de bens semi-públicos*. Ao contrário dos bens públicos, que são utilizados indistintamente por todos, sem que seja possível determinar quais são os indivíduos que, em concreto, os usam, os bens semi-públicos são bens que, para além de satisfazerem necessidades colectivas, permitem também a satisfação de necessidades individuais dos que recorrem a eles, ou seja, são susceptíveis de *utilização individualizável*.[46] Para que a taxa possa ser cobrada é imprescindível individualizar a utilização que o particular faz do bem semi-público, o que significa que a taxa visa retribuir uma actividade específica prestada por uma entidade colectiva de direito público ao

---

impostos aplicável aos tributos especiais (no caso, uma contribuição por maiores despesas). No mesmo sentido, cfr. Acórdão do Tribunal Constitucional n.º 76/88 (DR., 1ª Série, de 21 de Abril de 1988).

Relativamente ao encargo de compensação por deficiência de estacionamento, o Tribunal Constitucional concluiu tratar-se de um tributo especial (por maior despesa), porque, se a ausência de uma área de aparcamento próprio vai conduzir a uma maior utilização das áreas de aparcamento público, porventura existentes, a verdade é que o pagamento do encargo de compensação em causa não confere o direito à utilização efectiva de qualquer área de parqueamento público, nem sequer constitui o município na obrigação de criar ou manter tais áreas. A ausência de áreas de parqueamento privado ocasiona um acréscimo de despesas para o município, por este se ver forçado a aumentar as áreas de parqueamento público.

[46] Em vez da distinção entre bens públicos e bens semi-públicos, há quem prefira a distinção entre bens divisíveis e bens indivisíveis: o imposto seria o modo de financiamento próprio dos serviços públicos indivisíveis, enquanto a taxa o seria dos serviços públicos divisíveis, isto é, que proporcionam vantagens ou satisfações individualizadas a quem os utiliza. Segundo Teixeira Ribeiro, que critica esta distinção, bens semi-públicos não são o mesmo que bens divisíveis: o serviço público de radiodifusão é indivisível com efeito a emissão não pode ser dividida por cada ouvinte e, no entanto, é um bem ou serviço que satisfaz além das necessidades colectivas, necessidades individuais, que são as necessidades dos que procuram a emissão, ligando o aparelho. Daqui conclui-se que a possibilidade de cobrar taxas não é exclusiva dos serviços públicos divisíveis: há serviços indivisíveis cuja utilização pode ficar dependente do pagamento delas. A possibilidade de se cobrar taxas é exclusiva, sim, dos bens ou serviços semi-públicos. Cfr. Teixeira Ribeiro, *Noção Jurídica de Taxa*, cit. p. 291.

particular.[47] A taxa correspondente à quantia devida pela utilização individual de bem semi-público, ou seja, à quantia devida pelo facto de a Administração ter prestado ao particular, estar a prestar naquele momento ou ter de prestar no futuro um determinado serviço público.

A taxa pressupõe, pois, uma contrapartida numa *actividade do ente público dirigida especificamente a quem é exigida a prestação.* Isto significa que tem de existir contraprestação para que fique preenchido o conceito de taxa.

Em todo o caso, os serviços prestados pela Administração não têm de reverter em benefício exclusivo do sujeito que paga a taxa. A satisfação de necessidades individuais não implica que se exclua a satisfação de necessidades colectivas. Como refere o Acórdão do Supremo Tribunal Administrativo de 18 de Junho de 1971, "...*não é forçoso que a utilidade proporcionada ou o serviço prestado revertam em benefício exclusivo dos seu destinatário directo e imediato sobre que recai o pagamento da taxa. Essa utilidade pode difundir-se no público em geral, mas, de qualquer modo, a prestação está, sem dúvida, conexionada com a actividade exercida pelo onerado com a taxa e que é, portanto, também nela interessado.*[48]

---

[47] Assim, se o serviço não puder ser posto à disposição do contribuinte, não pode haver taxa. Cfr., neste sentido, o citado Acórdão n.º 76/88, de 7 de Abril de 1988 que declarou a inconstitucionalidade da parte da deliberação n.º 17/CM/85, da Câmara Municipal de Lisboa, que criou uma "tarifa de saneamento" relativa à prestação por aquele município, no âmbito dos "sistemas de resíduos sólidos, líquidos e águas residuais", por entender que parte da referida "tarifa de saneamento" estava destinada a custear o serviço de drenagem de águas residuais, quando nenhum serviço estava a ser efectivamente prestado aos munícipes. Com efeito, a referida taxa visava também retribuir o serviço de drenagem de águas sujas ou pluviais, de procedência doméstica ou industrial, quando tal serviço não estava a ser prestado a todos, pelo que concluiu que, faltando as utilidades correspectivas, a referida tarifa era claramente unilateral, devendo ser tratada como um verdadeiro imposto (no caso, um tributo especial).

[48] Conforme afirma Aníbal de Almeida, *ob. cit.*, p. 62, a taxa é a contrapartida exigida aos utentes pela prestação de um serviço tecnicamente "semi-público", que, por seu turno, se pode definir como o serviço público que, para além de satisfazer uma "necessidade colectiva" (de satisfação passiva), ao mesmo tempo satisfaz "necessidades individuais" (de satisfação activa) dos seus utentes, os quais, desse modo, podem ser individualizadas para o efeito.

Isto significa que o sujeito passivo da taxa tem de ser absolutamente identificável segundo um critério legal e diferenciável de todos os outros sujeitos que são apenas "consumidores" de necessidades passivas próprias dos interesses públicos a cuja pacificação tende o imposto.[49]

A quarta característica identificadora da taxa é a de que *não é necessário que tenha existido a efectiva utilização dos bens para que ela seja devida*. A taxa corresponde não tanto à efectiva utilização de um bem ou serviço, mas à simples possibilidade dessa utilização: se os bens ou serviços não forem utilizados, não há lugar à restituição das importâncias pagas. Desde que a possibilidade da fruição dos bens e serviços públicos se possa converter numa possibilidade efectiva, não se poderá deixar de dizer que o contribuinte alcança a utilidade potenciada pelos bens semi-públicos e que sente a satisfação da necessidade a cuja pacificação o bem público tende, com o que não deixa de existir aqui uma utilidade social objectiva.[50]

A maior parte da doutrina e jurisprudência aceitam, ainda, como legítimo que *a lei possa estabelecer uma presunção quanto à existência de benefícios e quanto ao universo dos destinatários,* embora esta ideia de presunção deva ser temperada com exigências de razoabilidade.[51]

O Conselho Consultivo da Procuradoria Geral da República afirmou, a este propósito, que não descaracteriza a figura da taxa a ausência de satisfação subjectiva, pois a lei pode presumir que o funcionamento do serviço cria utilidades objectivas.

---

[49] Cfr. Benjamim Rodrigues, ob. cit., p. 186-187.

[50] Cfr. Benjamim Rodrigues, ob. cit., p. 186. Tal como afirmam Sousa Franco, *Finanças Públicas e Direito Financeiro*, Vol. II, 4ª Edição, p. 63-73, e Soares Martinez, *Direito Fiscal*, 7ª edição, p. 27-35, para que estejamos perante uma taxa, não é necessário que exista uma efectiva utilização de bens se estiver garantida a possibilidade dessa utilização pelos particulares.

[51] Aceita-se, desde modo, que, desde que a lei presuma a existência de benefícios, pode verificar-se a ausência de satisfação subjectiva de necessidades do particular.

No Acórdão do Tribunal Constitucional n.º 76/88, sublinhou-se que, *"...pela própria natureza do serviço em questão, é verdadeiramente impossível uma determinação rigorosa do universo dos utentes (...). Na verdade, o índice escolhido para esse efeito envolve uma presunção muito forte de que os sujeitos tributados realmente utilizam o serviço de recolha, depósito e tratamento de lixo, pois que, em regra, todo o consumidor de água é também produtor de lixo"*.

Contudo, como afirma Aníbal de Almeida, apesar de o universo dos utentes poder ser determinado por presunção, a verdade é que tem de existir uma *conexão concreta* entre os serviços ou bens materiais (ou o conjunto de uns e de outros) em que se venha a traduzir concretamente cada serviço público pensado em abstracto e os utentes a quem ele é prestado ou, em todo o caso, a cuja produção tenham dado causa.

Em todo o caso, o apelo a critérios de razoabilidade para se identificar o sujeito passivo da taxa não pode fazer esquecer que, para estarmos perante uma taxa, tem de existir forçosamente uma relação concreta de certo e determinado sujeito com o serviço público na sua dimensão de prestador de utilidades, ou, dito de outro modo, é preciso que certo e determinado sujeito entre em relação com um serviço público, em termos de fruir individualizadamente das utilidades que o mesmo pode satisfazer ou propiciar.[52]

A última característica da contraprestação pública é a de que *ela pode ser futura*, podendo, por isso, sê-lo, também, a satisfação proporcionada pelo serviço público. Por isso se afirma que à taxa corresponde uma prestação do ente público que consiste precisamente em este ter cedido, estar a ceder naquele momento ou *ceder no futuro* a utilização de um "bem semi-público". Deste modo, nada obriga à existência de uma relação de imediação temporal entre a contraprestação consubstanciante da necessidade do contribuinte e o pagamento da taxa. No entanto, como afirma Benjamim Rodrigues, *"...ponto indispensável é que o contribuinte goze da possibilidade efectiva de aceder ao consumo do bem consubstanciado na contraprestação da autoridade*

---

[52] Cfr. Benjamim Rodrigues, ob. cit., p. 187.

64   *Perequação – Taxas e Cedências*

pública dentro de um espaço temporal em que é razoável, sob o ponto de vista da normal expectativa humana, haver ainda uma necessidade em satisfazer a causa da taxa ...". [53]

1.2. *Distinção de figuras afins*

Da taxa distinguem-se outras realidades tributárias, como é o caso dos *impostos*[54] e dos *tributos especiais*[55].

---

[53] No entender deste autor, a possibilidade de utilização há-de configurar-se como uma *real possibilidade de acontecer*, qualquer que seja o seu tipo, voluntária, obrigatória, dependente de pedido ou independente dele. Para que possamos falar de taxa e de contraprestação, é necessário que a possibilidade da contraprestação apareça para o obrigado como uma *possibilidade concretizável em certo tempo e espaço histórico* e não simplesmente como um evento que possa acontecer aleatoriamente. Só neste sentido se pode falar que a contraprestação da autoridade pública pode consubstanciar-se na prestação de bens futuros. Deste modo, se *"...entre a utilidade individualizada a que tende a prestação dos bens públicos e o pagamento da taxa deixar de existir essa relação de* intensidade *quanto à possibilidade de fruição desses bens em termos dos mesmos poderem dar satisfação às necessidades individuais que não se prefiguram por antecipação, não será legítimo falar na figura da taxa"*. Cfr. Benjamim Rodrigues, *ob. cit.*, p. 185.

[54] Os impostos podem ser definidos como prestações patrimoniais, coactivas, sem carácter de sanção, *unilaterais* e com função (pública) principal financeira. Cfr. Vieira de Andrade, *ob. cit.*, p. 6.

O Tribunal Constitucional, ao distinguir o imposto de taxa, tem surpreendido a unilateralidade no imposto e a bilateralidade na taxa. Cfr., *inter alia*, Acórdãos n.°s 348/86 (DR, 1ª série, de 9 de Janeiro de 1987), 76/88 (DR, 1ª série, de 21 de Abril de 1988), 1140/96 (DR, 2ª série, de 10 de Fevereiro de 1997) e 558/98 (DR, 2ª série, de 11 de Novembro de 1998).

[55] Os tributos especiais podem ser definidos como contribuições exigidas em virtude de especiais vantagens geradas para os particulares pela actividade administrativa (contribuições de melhoria) ou, ao invés, para compensar despesas acrescidas que eles provocam à Administração (contribuições para maiores despesas). Como exemplo do primeiro temos o encargo de mais valias, que tributa os particulares que vendam os seus terrenos por prreços mais altos ("mais valia") em virtude da realização de uma grande obra pública (Lei n.° 2020, de 22 de Junho de 1948) e, como exemplo do segundo, vamos encontrar o "imposto" de camionagem que incide sobre

Especial relevo se deve dar à figura dos impostos, tendo sido em torno da identificação dos principais elementos diferenciadores destes com as taxas que as nossas doutrina e jurisprudência mais se debruçaram.

A dificuldade em determinar, perante as situações concretas, se uma determinada prestação deve ser considerada taxa ou se, pelo contrário, assume a natureza de imposto, prende-se com o facto de, muitas vezes, por trás do *nomen* da taxa estar um verdadeiro imposto, pela falta de alguns dos seus elementos essenciais, em especial, a existência de um direito a uma fruição individualizada de um bem semi-público que seja facultado pela autoridade pública.[56]

Com efeito, a lei nem sempre utiliza a terminologia correcta: há taxas que a lei denomina de impostos – imposto de justiça –, e impostos que a lei designa de taxas – taxa militar.

Também a crescente complexificação das prestações económicas e das subjacentes relações sociais acabam por diluir os contornos conceptuais entre estas duas figuras, para além de que, como algumas taxas variam em função da capacidade contributiva do particular e não em função do benefício concedido (v.g., taxa de utilização dos serviços de saúde), a sua distinção da figura dos impostos torna-se cada vez mais difícil e complexa.

Não estando as taxas sujeitas aos mesmos princípios e garantias a que os impostos sempre estiveram sujeitos (designadamente, o princípio da reserva de lei formal, que se justifica pela necessidade de garantir o seu controlo democrático e o princípio da igualdade e da justiça tributárias, aferidas em função da capacidade contributiva dos cidadãos), torna-se fundamental ter presente as características anteriormente apontadas defendendo-se mesmo que estas são o seu único fundamento garantístico[57].

---

veículos que provocam um desgaste mais intenso das vias públicas. Vieira de Andrade, *Direito Administrativo e Fiscal*, policopiados, cit., p. 9. Sobre a diferença dos tributos especiais em relação às taxas cfr. supra, nota 42.

[56] Cfr. Benjamim Rodrigues, ob. cit., p. 181.

[57] Cfr. Benjamim Rodrigues, ob. cit., p. 184 e ss. Por isso, segundo o autor, não deverão ser toleráveis alargamentos do conceito de taxa à custa dos seus elementos constitutivos, já que nestes reside o seu único fundamento garantístico.

2. As atribuições municipais em matéria de cobrança de taxas

2.1. *A existência de autarquias locais face à Constituição da República Portuguesa*

A organização democrática do Estado Português compreende a existência de Autarquias locais que são pessoas colectivas territoriais dotadas de órgãos representativos, que visam a prossecução de interesses próprios das populações respectivas, sendo dotados de órgãos e competências próprias (que são reguladas por lei, de harmonia com o princípio da descentralização administrativa) e de poder regulamentar próprio (artigos 235º, 237º e 241 da CRP).

Para este efeito, as autarquias locais são dotadas de *autonomia administrativa* e *financeira*, sendo o seu estatuto (bem como o regime das finanças locais) matéria de reserva relativa da competência da Assembleia da República. A autonomia das autarquias locais é matéria irreversível [artigo 288º, alínea n) da CRP], característica que embora não garanta a intocabilidade do regime constitucional relativo às autarquias locais, impede a diminuição da sua autonomia.[58]

2.2. *As finalidades e os interesses públicos prosseguidos pelas autarquias locais. Especial referência ao urbanismo*

Como referimos, as autarquias locais existem para a prossecução de interesses próprios das populações respectivas (artigo 235º, n.ºs 1 e 2). Significa isto que devem ser consideradas suas atribuições tudo o que diga respeito aos interesses próprios, comuns e específicos das suas populações, designadamente o abastecimento público (água e energia); a salubridade pública; a educação e o ensino; a cultura, tempos livres e desporto; a protecção civil; a defesa e a protecção do meio ambiente e a qualidade de vida do respectivo agregado populacional.

---

[58] Gomes Canotilho/ Vital Moreira, *Constituição da República Portuguesa Anotada,* 3ª edição, 1993.

Taxas e Cedências Urbanísticas 67

A par destas, o urbanismo aparece igualmente como uma atribuição municipal, embora não o seja exclusivamente. Efectivamente, ninguém duvida já que as decisões básicas sobre o urbanismo deixaram de pertencer aos proprietários dos solos para passarem a ser cometidas à Administração, a quem cabem as funções de planeamento, gestão e controlo das actividades que têm reflexos na ocupação, uso e transformação dos solos. O urbanismo aparece, pois, deste modo, como uma *função pública* e não como uma simples actividade privada.[59]

Não obstante o urbanismo não seja uma tarefa exclusivamente municipal, tendo em consideração que ele convoca simultaneamente interesses *gerais, estaduais* ou *nacionais* – cuja tutela é cometida pela Constituição ao Estado –, interesses específicos das Regiões Autónomas e ainda interesses *locais*, cuja responsabilidade cabe aos municípios, assume especial relevo o papel que está confiado a este últimos, cabendo-lhes, designadamente, as tarefas de elaboração e aprovação de planos municipais e intermunicipais de ordenamento do território, de elaboração de regulamentos municipais sobre o urbanismo e construção, bem como, em geral, a gestão urbanística, isto é, a prática de actos de controlo das actividades que se traduzem na realização de transformações urbanísticas no solo (v.g., licenciamento e autorização de operações de loteamento, obras de urbanização e obras de edificação).[60]

Para além disso, é aos municípios que estão confiadas a mais importantes tarefas directamente relacionadas com o *fazer, refazer* e *ordenar da cidade*, cabendo-lhes o essencial do desenvolvimento do processo urbanístico. Particular relevo assume o papel dos municípios na realização das mais importantes infra-estruturas que servem o

---

[59] Sobre o urbanismo como *função pública*, cfr. Fernando Alves Correia, *Manual de Direito do Urbanismo*, Vol I, Coimbra, Almedina, 2001, p. 102-104. Cfr. Também o n.º 4 do artigo 65º da CRP.

A concepção do urbanismo como uma função pública encontra-se igualmente consagrada em vários diplomas legais, como acontece, designadamente, com a Lei de Bases da Política de Ordenamento do Território e de Urbanismo cfr. artigos 4º e 16º, n.º 1, com o Decreto-Lei n.º 380/99 cfr. artigo 118º e com o próprio Decreto-Lei n.º 555/99.

[60] Cfr. Fernando Alves Correia, *Manual de Direito do Urbanismo*, cit. p. 104 a 106.

espaço urbano, como a rede viária municipal (estradas municipais estruturantes ou de ligação à rede nacional, assim como os arruamentos principais do espaço urbano), o saneamento básico (colectores principais dos sistemas de abastecimento e drenagem, designadamente das redes de águas pluviais, abastecimento de água e águas residuais, e ainda os sistemas colectivos de armazenagem, tratamento ou reciclagem de resíduos sólidos urbanos), a energia eléctrica, etc. Não significa isto que todas as infra-estruturas urbanísticas sejam realizadas exclusivamente pelos municípios. Com efeito, para além das que são levadas a cabo por outros entes públicos, os próprios particulares promotores de operações urbanísticas têm também um importante papel neste domínio, como acontece no caso dos loteamentos urbanos onde o promotor paga ou constrói as infra-estruturas locais que a operação directamente utiliza. Mas a responsabilidade por essas infra-estruturas está essencialmente atribuída aos municípios: é de facto a eles que compete proceder ao essencial da *realização, remodelação,* ou *reforço* das infra-estruturas que se tornam necessárias em consequência de operações urbanísticas, designadamente, de construção, reconstrução ou ampliação de edifícios ou de alterações na sua forma de utilização.

2.3. **A repartição de atribuições entre o Estado e as Autarquias locais em matéria de impostos e taxas**

Da diferente vocação do Estado e das autarquias locais, resultam consequências imediatas: o Estado financia a prestação dos seus serviços *cobrando impostos*, para satisfazer necessidades colectivas puras, enquanto os municípios se financiam predominantemente perante os seus munícipes (enquanto utentes de serviços predominantemente semi-públicos que os municípios prestam) *cobrando taxas* em contra-prestação das necessidades individuais dentre as representadas pelos interesses próprios das respectivas populações.

São, pois, *"diferentes a vocação do Estado e a dos municípios quanto às suas finanças: cobrar os impostos para julgar e combater, desenvolver e melhorar as infra-estruturas económicas, sociais e culturais do país, predominantemente satisfazendo puras necessidades colectivas de satisfação passiva, no caso do primeiro; e cobrar taxas para poder fazer (e refazer) a cidade, mediante a oferta permanente de um conjunto indissociável de bens materiais ou não, divisíveis ou não, para serem fruídos ou desfrutados pelos munícipes, financiado por (ou em troca de) taxas realmente incidentes sobre os incrementos (ou desenvolvimentos) de carga urbana empreendidos pelos particulares"[61].*

2.4. As receitas próprias das autarquias locais. Especial referência às taxas

Para a prossecução dos interesses próprios das respectivas populações necessitam as autarquias locais de adequado financiamento, sem o qual aqueles interesses, em especial o urbanismo, que é o que assume particular relevo no âmbito do presente trabalho, não poderão ser levados à prática.

A existência de meios de financiamento ou de receitas próprias de que os municípios possam lançar mão para fazer face a todas estas necessidades é uma consequência do princípio da autonomia das autarquias locais (cfr. o artigo 237º da CRP). Com efeito, a autonomia das autarquias locais seria posta em causa se não fosse atribuída aos municípios *autonomia financeira*, ou seja, a garantia de existência de receitas próprias e o reconhecimento da capacidade de os municípios as afectarem segundo um orçamento próprio a despesas decididas e aprovadas autonomamente. Deste modo, o reconhecimento constitucional às autarquias locais da capacidade de gerirem, em auto-regulação, os interesses específicos das populações locais, através de órgãos representativamente eleitos, determina a necessidade de esses entes disporem (e destinarem), com alguma margem de liberdade, de meios de financiamento legalmente obtidos para satisfazer as necessidades públicas cuja salvaguarda está a seu cargo.

O direito fundamental das autarquias locais a um património e finanças próprios está, pois, consagrado na Constituição (cfr. artigo 238, n.º 1) como um corolário do princípio da autonomia das autarquias locais.

---

[61] Cfr. Aníbal de Almeida, *ob. cit.*, p. 45.

70 Perequação – Taxas e Cedências

Assim, se cabe aos entes locais a satisfação de determinadas necessidades (designadamente, necessidades urbanísticas decorrentes do fazer, refazer e conservar a cidade), aos mesmos deve caber o seu financiamento. Um financiamento que, como afirma Casalta Nabais, muito embora pudesse ser satisfeito através de transferências do Estado, tem toda a vantagem em ser satisfeito por receitas próprias, ou seja, por tributos dos entes locais.[62]

No sentido de garantir a exigência constitucional de autonomia financeira, o artigo 16° da Lei das Finanças Locais – Lei n.° 42/98, de 6 de Agosto, com as suas sucessivas alterações –, identifica as receitas que os municípios podem preceber, sendo todavia de notar que não lhes fixou limites quanto à margem de liberdade normativo-constitutiva no que concerne à definição da sua expressão quantitativa.

Uma leitura atenta dos artigos 16° e 19° da Lei das Finanças Locais pode levar-nos a concluir que as mais importantes receitas próprias dos municípios lhes advêm de factos conexionados com o fenómeno urbanístico. É o que se passa com a contribuição autárquica [alínea a) do artigo 16°]; com o produto das taxas por licenças concedidas [alínea c) do artigo 16°]; com o produto da cobrança de taxas, tarifas e preços pela prestação dos seus serviços [alínea d) do artigo 16°]; e com o produto da cobrança de encargos de mais valias destinados por lei aos municípios[63].

---

[62] Cfr. Casalta Nabais, "Fiscalidade do Urbanismo", in *O Sistema Financeiro e Fiscal do Urbanismo,* cit., p. 60. Segundo este autor, só assim se pode obstar eficazmente a fenómenos de perversos como o das chamadas finanças parasitárias ou da desresponsabilização dos eleitos locais que, levando inevitavelmente a um enfraquecimento do controlo democrático das despesas públicas, traduz uma verdadeira "esquizofrenia municipal" concretizada na liberdade de gastar, desacompanhada da responsabilidade da angariação das correspondentes receitas que, depois, reivindicam do Estado em termos tais que lembram, por vezes, as tradicionais reivindicações de natureza sindical. Cfr. ob. cit., p. 60-61.

[63] Nos termos do artigo 2° da Lei n.° 168/99, de 18 de Setembro cabe exclusivamente à assembleia municipal a regulamentação do encargo de mais-valias e a delimitação a que se refere o n.° 2 do artigo 17° da Lei n.° 2030, de 22 de Julho de 1948, quando estejam em causa obras de urbanização ou de abertura de vias de comunicação municipais ou intermunicipais, competindo à câmara municipal determinar as áreas concretamente beneficiadas para efeitos do n.° 5 do referido artigo 17°.

Taxas e Cedências Urbanísticas 71

Centrar-nos-emos, aqui, nas receitas provenientes da cobrança de "taxas urbanísticas", entendidas estas num sentido restrito, apenas aquelas que surgem associadas ao licenciamento de "operações urbanísticas" (loteamento e edificações).

É frequente a afirmação de que estas são de grande importância para os municípios; mas a verdade dos números demonstra que, presentemente, em Portugal, tal convicção está errada.

Não dispomos de dados exactos e específicos relativos às taxas urbanísticas municipais. Mas conhece-se o valor do total das "taxas, multas e outras penalidades" (pagas por particulares), a que se poderão adicionar as mesmas rubricas pagas por empresas (classificadas como "impostos indirectos")

Nos anos de 1994 a 1996[64], a média anual de tal somatório foi de 36887 mil contos, representando 6% da totalidade da receita municipal. Admitindo que 40% de tais receitas corresponde a taxas e compensações (pecuniárias) urbanísticas[65], conclui-se que estas representariam apenas 2,4% da receita municipal.

Trata-se, pois, de um número quase insignificante, sobretudo se confrontado com as despesas que as novas urbanizações e construções irão exigir aos municípios, ou, ainda, se confrontados com as mais valias que as aprovações urbanísticas conferem às propriedades.

Há que concluir, então, contra a convicção instalada, que as receitas municipais provenientes do licenciamento urbanístico são francamente escassas. Mas, assim sendo, há que concluir, também, que constituem um forte potencial para o reforço da capacidade financeira dos municípios, havendo toda a legitimidade e justificação para o aumento das taxas praticadas.

---

[64] Direcção-Geral de Administração Autárquica, "Finanças Municipais", 1994, pp. 95 e 96.

[65] O somatório considerado inclui muitas taxas e coimas, a maior parte de pouca monta (por hipótese 20% do total), mas também as tarifas de água e saneamento dos municípios que não têm serviços municipalizados (por hipótese 40%) e as taxas e compensações urbanísticas (por hipótese outros 40%).

3. Taxas urbanísticas

São dois os tipos de taxas directamente relacionadas com o fenómeno urbanístico: as taxas correspondentes aos actos de controlo das actividades dos particulares (designadamente, as taxas pela emissão das licenças de execução de operações urbanísticas e de ocupação da via pública) e, as taxas pela realização, manutenção e reforço das infra-estruturas urbanísticas (também designada por taxa pela realização de infra-estruturas urbanísticas ou "taxa municipal de urbanização"). [66]
Vejamos cada uma delas.

3.1. *A taxa pela concessão do licenciamento*

No que diz respeito às taxas exigidas aos particulares pela contra-prestação que constitui a actividade administrativa de controlo de actividades urbanísticas, estão em causa as taxas devidas pelo licenciamento ou autorização de loteamentos, de obras de urbanização e de execução de obras particulares previstas na alínea b) do artigo 19º da Lei das Finanças Locais e nos n.ºs 1 e 4 do artigo 116º do Decreto-Lei n.º 555/99. Efectivamente, também estas taxas oneram, a seu modo, a actividade urbanística dos particulares, mas distinguem-se claramente das taxas pela realização de infra-estruturas urbanísticas: enquanto estas são taxas devidas por uma actividade urbanística da Administração pública (são o "preço" a pagar por serviços prestados pela Administração pública activa), aquelas são a contrapartida de actividades de controlo e de polícia da actividade urbanística dos particulares

---

[66] Para Casalta Nabais, sempre que, no domínio do urbanismo, haja possibilidade de escolher entre tributos bilaterais e tributos unilaterais, deve dar-se preferência aos primeiros (taxas). Assim o exige, no entender deste autor, a natureza da actividade urbanística pública, uma actividade cujo financiamento deve ser preferentemente suportado por aqueles que dela retiram específicas vantagens, a começar pelas vantagens de carácter bilateral, as quais, justamente por se configurarem como contraprestações específicas da actividade urbanística das entidades públicas, podem dar origem a taxas. Cfr. Casalta Nabais, *Fiscalidade do Urbanismo*, cit., p. 59.

Taxas e Cedências Urbanísticas

(são o "preço" a pagar por serviços prestados pela Administração pública de controlo).[67,68]

Estas taxas têm como contrapartida a *remoção de um limite legal ao exercício de um "direito"* (o limite imposto por lei à liberdade de edificação abrangendo a liberdade de urbanização e de divisão fundiária do solo), remoção essa que corresponde à concessão de uma vantagem ao particular (a vantagem de poder construir, lotear e urbanizar, em maior ou menor medida)[69] e a *prestação de um serviço* por parte da Administração local, serviço esse que corresponde à apreciação dos projectos e à emissão das respectivas licenças e alvarás. A taxa é, pois, nesta última vertente, a contrapartida do serviço burocrático prestado aos particulares pelos órgãos municipais.

---

[67] Cfr. Casalta Nabais, *Fiscalidade do Urbanismo*, cit., p. 55 e 56.

[68] No que concerne às designadas taxas pela concessão de licenças, entende-se que apenas têm a natureza jurídica de taxa as que são devidas pela emissão de verdadeiras licenças actos administrativos que removem um limite ou obstáculo jurídico à actividade dos particulares e não as devidas pelas chamadas "licenças fiscais". É que estas, tendo por base a colocação de um obstáculo à actividade dos particulares sem qualquer suporte no interesse público geral e como único objectivo possibilitar à Administração, ao removê-lo, cobrar uma receita, configuram-se como verdadeiros impostos. Cfr. Casalta Nabais, *O Quadro Jurídico das Finanças Locais em Portugal*, in Fisco, Ano IX, N.º 82/83, 1997, p. 15.

[69] Com efeito, sendo as construções e os loteamentos urbanos formas importantes de ocupação dos solos que podem contender com interesses públicos preponderantes, estabeleceu o legislador uma proibição destas formas de ocupação. Admite a lei, no entanto, que, se no caso concreto (e ponderados todos os interesses públicos e privados envolvidos) as construções ou operações de loteamento que se pretendem concretizar não puserem em causa esses interesses públicos, a Administração pode remover o limite legal que havia estabelecido, mediante a atribuição da respectiva licença. Significa isto que vigora no ordenamento jurídico português o princípio da *proibição de construir ou lotear com reserva de licenciamento*. Cfr. Fernando Alves Correia, *As Grandes Linhas da Recente Reforma do Direito do Urbanismo Português*, Coimbra, Almedina, 1993, p. 114.

3.2. A *taxa pela realização de infra-estruturas urbanísticas*

a) Razão de ser da taxa pela realização de infra-estruturas urbanísticas

A taxa pela realização de infra-estruturas urbanísticas corresponde à contrapartida dos investimentos municipais com a construção, reforço e manutenção das infra-estruturas existentes e equipamentos urbanos em que se incluem não só os arruamentos como ainda os espaços verdes e de lazer e demais equipamento social e cultural da responsabilidade do município.[70]

Tem a sua génese na exigência de diversas compensações, quer em espécie, quer em numerário, quer, ainda, finalmente com a realização de infra-estruturas em outros locais, exigências essas que os municípios começaram a fazer na década de 80, fora do regime legal então vigente e perante uma certa euforia da construção civil.[71] Perante a referida prática, e no sentido de a disciplinar, o Decreto-Lei n.º 98/84 introduziu, entre nós, o referido tributo, com o confessado objectivo de constituir um apreciável reforço dos meios de financiamento das autarquias locais.

Um esclarecimento há que deve ser feito a este propósito: quando se trate de operações de loteamento, tendo em conta que a infra-estruturação da área que é objecto da operação é um encargo do promotor, a taxa pela realização de infra-estruturas urbanísticas surge como a contrapartida para o município *"pela realização de novas infra-estruturas ou alteração das existentes em consequência da sobrecarga derivada da nova ocupação"* (cfr. preâmbulo do Decreto-Lei n.º 400/84, de 31 de Dezembro), no exterior, portanto, da área loteada. Esta taxa não visa, pois, cobrir os custos das obras de urbanização exigidas pela operação de loteamento, uma vez que estas são realizadas pelo titular do alvará do loteamento, mas compensar o município pela realização das novas infra-estruturas urbanísticas *fora da área a lotear*, ou pela alte-

---

[70] Aníbal de Almeida, *ob. cit.,* p. 53.
[71] Cfr. Benjamim Rodrigues, ob. cit., p. 203.

Taxas e Cedências Urbanísticas 75

ração das existentes, em consequência do acréscimo de utilização decorrente da nova ocupação do solo, como acontece com a necessidade de reforço da captação de água, do alargamento das condutas de esgotos, etc. [72]

Trata-se, num plano formal, de um dos mais importantes instrumentos financeiros que está à disposição dos municípios, sendo uma das (poucas) formas de fazer os particulares participarem na construção, reforço ou remodelação dos sistemas de urbanização do território. Estamos, assim, perante uma fonte de receita local destinada a cobrir os *impactes das operações urbanísticas* (loteamentos e construções) *nos sistemas das infra-estruturas de competência municipal*, servindo, portanto, para financiar o investimento municipal em infra-estruturas. Pode-se, pois, afirmar que esta taxa é a contrapartida devida aos municípios pelas utilidades prestadas aos particulares que se traduzem na disponibilização de infra-estruturas principais, considerando-se aceitável que o produto da sua cobrança constitua uma das principais fontes de financiamento municipal destas infra-estruturas, principalmente nos períodos de maior pujança do sector imobiliário e da construção civil, quando é mais visível o processo de expansão ou densificação urbanas.[73]

b) **Âmbito de aplicação da taxa pela realização de infra-estruturas urbanísticas**

Os sujeitos passivos da taxa pela realização de infra-estruturas urbanísticas são os *agentes produtores de lotes*, na maioria dos casos infra-estruturados pelos próprios, e/ou ainda os *agentes que promovem*

---

[72] Cfr. Fernando Alves Correia, *As Grandes Linhas,* cit., p. 94-96.

[73] Cfr. *Taxa Municipal de Infraestruturas, Estudo Sobre a sua Aplicação em Alguns Concelhos da Região Norte,* Ministério do Planeamento e da Administração do Território, Comissão de Coordenação da Região Norte, responsabilidade técnica de António Pérez Babo, 1996, p. 7. Ela deverá, pois, ser potenciada, principalmente em zonas de maior dinâmica construtiva, mesmo sabendo-se que os promotores procurarão fazer reflectir esses custos no preço final dos produtos, questão que será mais delicada no caso dos preços para habitação.

a construção em parcelas de terrenos constituídas e com capacidades de edificabilidade atribuídas por documentos de planeamento eficazes (planos e loteamentos) ou, na sua ausência, pelo cumprimento das regras definidas em legislação aplicável. Claro que no caso em que as construções a erigir se situem em lotes resultantes de operações de loteamento sobre as quais tenha já incidido a taxa pela realização de infra-estruturas urbanísticas, não haverá lugar ao pagamento da mesma no processo de licenciamento da construção, visto que uma solução contrária implicaria uma dupla tributação do mesmo facto (cfr., o n.º 3 do artigo 116º do Decreto-Lei n.º 555/99).[74]

Do que acabámos de afirmar decorre claramente que a taxa pela realização de infra-estruturas urbanísticas é exigível, quer em matéria de *loteamentos urbanos*, quer no domínio das *obras particulares*. Não foi, no entanto, sempre este o regime relativo à taxa aqui em análise.

A redacção inicial do artigo 32º do Decreto-Lei n.º 448/91 determinava claramente que não podiam ser cobradas taxas pela realização de infra-estruturas urbanísticas no âmbito da execução de obras de construção, reconstrução ou alteração de edifícios, ainda que tais obras tivessem determinado ou viessem a determinar directa ou indirectamente a realização pelo município de novas infra-estruturas urbanísticas ou o reforço das já existentes, a não ser que se tratasse de obras de construção realizadas em áreas urbanizáveis delimitadas em plano municipal de ordenamento do território e desde que as infra-estruturas urbanísticas tivessem sido, efectiva, directa e integralmente suportadas pelo município.

Uma posterior alteração promovida pela Lei n.º 26/96 ao Decreto-Lei n.º 448/91 determinou que o referido artigo 32º deixasse de referir expressamente esta questão, o que, em conjugação com o artigo 68º, n.º 1 do Decreto-Lei n.º 445/91 (que apenas referia expressamente a

---

[74] Nada impede, no entanto, que o cálculo da taxa pela realização de infra-estruturas urbanísticas seja decomposto em duas partes, uma a cobrar no momento da emissão da licença de loteamento, a outra, correspondendo ao restante, a cobrar no momento da emissão da licença de construção a erigir no lote resultante da operação de loteamento. Trata-se do pagamento parcial da mesma taxa e não de duas taxas diferentes sobre o mesmo facto.

taxa pela concessão da licença) passou a suscitar dúvidas sobre se aquela taxa podia ser cobrada neste domínio. O entendimento corrente era o de que, em consequência do disposto no referido artigo 68°, tinha passado a ficar vedada aos município a possibilidade de cobrança da referida taxa naquele domínio, operando-se assim uma restrição à faculdade decorrente da Lei das Finanças Locais

Esta questão foi levada perante o Tribunal Constitucional pelo Procurador Geral da República (PGR) que entendia ser inconstitucional o referido artigo 68°. Segundo ele, este artigo estabeleceu a sujeição de emissão dos alvarás de licença de construção ao pagamento da taxa pela emissão das licenças, determinando que não haverá lugar a quaisquer mais valias ou compensações, razão pela qual se impediram os municípios de cobrar a taxa pela realização de infra-estruturas urbanísticas no processo de licenciamento de obras particulares, restrigindo-se assim, uma faculdade expressamente reconhecida na Lei das Finanças Locais. Ora, como o *"regime das finanças locais"* é da competência exclusiva da Assembleia da República e como Decreto-Lei n.º 445/91 foi emitido ao abrigo de uma lei de autorização legislativa (a Lei n.º 58/91, de 13 de Agosto) que era omissa quanto às receitas a serem cobradas pelos municípios nos processos de licenciamento de obras, entendeu o PGR que o Governo não estava legitimado a intervir nessas matérias, sendo, por isso, o referido artigo 68°, organicamente inconstitucional na parte que impedia os municípios de cobrar a referida taxa no domínio do licenciamento de obras.

O Tribunal Constitucional entendeu, no entanto, no seu Acórdão n.º 639/95 (DR, 2ª Série, de 19 de Março de 1996) que do artigo 68° do Decreto-Lei n.º 445/91 *"não resulta qualquer impossibilidade de os municípios cobrarem a taxa pela realização de infra-estruturas urbanísticas"*. Na linha de argumentação deste Tribunal, são duas as situações que podem gerar a cobrança de taxas no domínio do licenciamento de obras: 1) a emissão do alvará de licença de construção e utilização [na altura, a alínea b) do artigo 11° da Lei n.º 1/87]; 2) a realização de infra-estruturas urbanísticas [a alínea a) do artigo 11° da Lei n.º 1/87]. Em certas situações não há lugar à realização de infra-estruturas, logo, também não há lugar ao pagamento da taxa referida na alínea b) do artigo 11° da Lei n.º 1/87. Mas se, *simultaneamente com a concessão do alvará da licença de construção tiver havido a realização de infra-estruturas,* já haverá lugar ao pagamento da referida taxa. Por outras palavras, e no entender do Tribunal Constitucional, o que o artigo 68° do Decreto-Lei n.° 445/91 proibia era que *pela emissão do alvará de licença de construção* pudesse haver lugar ao pagamento de outras taxas que não a prevista para a concessão do licenciamento, não resultando daí qualquer proibição da cobrança de outra taxa, resultante de outro facto que não a emissão da licença de construção.

Desta forma, foi entendimento do Tribunal Constitucional que o artigo 68° só contemplava o facto da *emissão de alvarás* de licença de construção e de utilização pelas quais só podia haver a cobrança das taxas referidas na alínea b) do artigo 11° da Lei n.° 1/87, mas não brigou com o primeiro momento de exigência de taxas as previstas na alínea a) do mesmo artigo 11° e devidas quando houvesse lugar a elas face à realização de infra-estruturas. Ou seja, o mencionado artigo 68° não restringiu o que quer que fosse em matéria de finanças locais porque a restrição já resultava da Lei n.° 1/87, uma vez que nos termos desta a referida taxa só podia ser cobrada *se houvesse lugar*, efectivamente, a realização de infra-estruturas urbanísticas. Por outro lado, a proibição da exigência do pagamento de quaisquer mais valias ou compensações não era inovadora já que não se conhecia nenhuma lei que permitisse aos municípios cobrar tais receitas.

Assim, a referida proibição resultante da parte final do artigo 68° do Decreto-Lei n.° 445/91, tinha apenas, no entender do Tribunal Constitucional, o sentido de reafirmar algo que decorria já da legislação em vigor, não sendo inconstitucional pela simples razão de que não ter introduzido qualquer restrição aos poderes financeiros dos municípios, não invadindo assim a competência da Assembleia da República. A conclusão final a que se chegou no Acórdão n.° 639/95 foi a de que os municípios não ficaram impedidos, por força do artigo 68° do Decreto-Lei n.° 445/91, de cobrar taxas pela realização de infra-estruturas urbanísticas, quando a elas houvesse lugar, no domínio do licenciamento de obras.

Esta possibilidade veio a ser expressamente admitida com o Decreto-Lei n.° 555/99, alterado pelo Decreto-Lei n.° 177/2001 (diploma que veio revogar quer o Decreto-Lei n.° 448/91, quer o Decreto-Lei n.º 445/91), tendo-se afirmado expressamente no seu preâmbulo que fica definitivamente esclarecida a possibilidade de cobrança desta taxa também no domínio do licenciamento de obras particulares. Neste sentido veio determinar o n.º 3 do artigo 116º do Decreto-Lei n.º 555/99 que *"a emissão de alvará de licença ou autorização de obras de construção ou ampliação em área não abrangida por operação de loteamento ou alvará de obras de urbanização está igualmente sujeita ao pagamento da taxa referida no artigo anterior"*.

A possibilidade de cobrança da taxa pela realização de infra-estruturas urbanísticas também no domínio das obras particulares é, de facto, uma solução que se impunha. Com efeito, esta taxa deve aplicar-se a todas as operações, designadamente as de construção, pois a diferença de tratamento do licenciamento de obras particulares relativamente ao licenciamento de loteamentos tende a tornar sempre mais exigente e consequentemente mais onerosos os segundos, quando é do somatório dos primeiros (licenciamento pontual de construções de pequena, média e grande dimensão) que resulta a grande maioria do solo urbanizado, onde precisamente a gestão urbanística deveria ser mais rigorosa e exigente.[75] Ora, se a opção pelo loteamento corresponde a melhor programar e infra-estruturar a expansão urbana, processo mais seguro e com maior carácter de ordenamento dessa expansão, esta operação deveria ser a mais frequente e a mais beneficiada até em termos de procedimento administrativo prioridade de apreciação sobre as construções, prazos mais curtos, *menores taxas de urbanização,* maior possibilidade de negociação câmara/loteador, etc. A necessidade e o interesse de criar incentivos aos loteamentos urbanos assenta na consideração de que os processos de planeamento de pormenor por iniciativa dos particulares em que estes consistem constituem uma forma pensada e negociada com as autarquias de criação de solo urba-

---

[75] Cfr. *Taxa Municipal de Infraestruturas, Estudo Sobre a sua Aplicação em Alguns Concelhos da Região Norte,* cit., p. 69 e 70. Segundo este estudo, numa amostra de 24 concelhos da Região Norte que aplicam esta taxa quer aos loteamentos, quer às obras particulares, apenas 23% das receitas dessa taxa resultam do licenciamento de loteamentos, enquanto os restantes 77% resultam da emissão de licenças de construção.

80 Perequação – Taxas e Cedências

nizado e dotado de todas as infra-estruturas primárias, por contraposição à edificação avulsa, muitas vezes de dimensão e impacte bastante maiores. Por tudo isto, deveria ser criado um quadro mais atractivo à construção em lotes resultantes de operações de loteamento, por forma a potenciar a ocupação de solos, no mínimo dotados de infra-estruturas primárias mais recentes, ainda que eventualmente menos centrais.[76]

c) **Algumas questões a propósito da taxa pela realização das infra-estruturas urbanísticas**

A propósito das taxas pela realização de infra-estruturas urbanísticas, colocam-se algumas questões de relevo.

Uma delas é a de saber se existe, ou não, a possibilidade de cobrança da taxa pela realização das infra-estruturas urbanísticas em situações em que se sabe, à data da emissão das respectivas licenças, que as infra-estruturas urbanísticas ainda não existem, nem estarão de imediato disponíveis para utilização por parte dos loteamentos e das construções.

Como vimos *supra*, a propósito da noção de taxa, é possível que a contraprestação pública da taxa, bem como a satisfação proporcionada pelo respectivo serviço público sejam *futuras*, desde que, como se afirmou, se configure como uma *real possibilidade de acontecer*.

Deste modo, ao cobrar a taxa, os municípios assumem a responsabilidade pela ligação das operações urbanísticas (loteamentos e obras particulares) aos sistemas públicos de infra-estruturas, o que significa, por outras palavras, que à taxa pela realização de infra-estruturas urbanísticas corresponde a assunção por parte da câmara municipal do compromisso de, num horizonte compatível, estabelecer a ligação das redes locais da zona em causa às infra-estruturas urbanísticas principais, para que a taxa é suposto contraprestar. Um horizonte compatível, para este efeito, é o que for temporalmente insignificante, face ao *tempo de vida*

---

[76] Fernando Alves Correia, *As Grandes Linhas*, cit., p. 95. Sobre a evolução legislativa da possibilidade de cobrança destas taxas no domínio dos loteamentos urbanos e das obras particulares, *vide* Aníbal de Almeida, *ob. cit.*, p. 11-18.

útil do loteamento ou construção em licenciamento, pelo qual se pagou aquela taxa.

Mais importante é, no entanto, saber se esta taxa pode ser exigida relativamente a operações que são apenas causa *indirecta* ou *mediata* da realização ou reforço de infra-estruturas[77], o que, a ser assim, como pensamos que deve ser, determina, a mais das vezes, uma ligação ténue entre as operações urbanísticas e as infraestruturas que devam vir a ser realizadas. É precisamente a este propósito que, segundo alguns autores, a taxa pela realização de infra-estruturas urbanísticas se começa a desvirtuar, começando a assumir contornos que a fazem parecer cada vez mais com contribuições especiais e cada vez menos com verdadeiras taxas. Vejamos mais pormenorizadamente.

d) **Natureza jurídica da taxa pela realização de infra-estruturas urbanísticas: verdadeira taxa ou imposto?**

Uma das questões mais controversas relativamente à taxa pela realização das infra-estruturas urbanísticas tem sido, precisamente, a de saber qual a sua verdadeira natureza jurídica. Com efeito, quer a doutrina quer a jurisprudência se dividem a este propósito: de um lado, a jurisprudência do Supremo Tribunal Administrativo e autores como Freitas do Amaral, Leite Campos, Afonso Marcos e Nuno Sá Gomes pronunciam-se no sentido da sua natureza de *imposto*[78]; de outro lado, a jurisprudência do Tribunal Constitucional e autores como Paz

---

[77] De notar que, com a entrada em vigor da nova Lei das Finanças Locais, a designada taxa pela realização de infra-estruturas urbanísticas tem como causa, não apenas a construção e o reforço de infra-estruturas, mas também a sua *manutenção*, facto que facilita a possibilidade da sua cobrança: qualquer operação urbanística, porque utiliza infra-estruturas (a criar, reforçar ou já existentes), ficará sujeita à sua cobrança.

[78] Cfr. Diogo Freitas do Amaral, *Direito do Urbanismo, Sumários*, Lisboa, 1993, p. 119; Diogo Leite Campos, *Fiscalidade do Urbanismo*, in *Direito do Urbanismo*, INA, 1989, p. 460; Afonso Marcos, *As Taxas Municipais e o Princípio da Legalidade Fiscal*, in Fisco, N.º 74/75, p. 22, e Nuno Sá Gomes, *Alguns Aspectos Jurídicos e Económicos Controversos da Sobretributação Imobiliária no Sistema Fiscal Português*, in Ciência e Técnica Fiscal, N.º 386, 1997, p. 98 e ss.

Ferreira e Aníbal de Almeida têm vindo a pronunciar-se pela sua natureza de *taxa*.[79]

A taxa pela realização de infra-estruturas urbanísticas foi criada pelo Decreto-Lei n.º 98/84 com o confessado objectivo de constituir um apreciável reforço dos meios de financiamento das autarquias locais, visando dar cobertura aos "....*custos das infra-estruturas que se realizem*". No entanto, entre as infra-estruturas já realizadas, e cuja manutenção se traduz assim num *facto certo*, e as estruturas só *pensadas e idealizadas* como necessárias ao futuro reforço das existentes em virtude da pressão urbanística, vai um passo de gigante. E a verdade é que, tendo em conta a inexistência, durante muito tempo, da imposição legal de demonstração dos custos programados como necessários a um reforço das infra-estruturas[80], a cobrança da taxa acabou, muitas vezes, por assumir-se como uma simples forma de arrecadação financeira para acudir aos gastos gerais do município, o que, a ser assim, implica a falta de um *nexo de bilateralidade material entre as duas prestações*, característica das taxas.

E se isto for assim, então, a referida taxa passa a assumir, a mais das vezes, a natureza de uma contribuição por maiores despesas, ou seja, a natureza de um tributo devido pelo facto de o sujeito passivo estar a levar

---

[79] Cfr. Paz Ferreira, ob. cit., p. 57 e ss., e Aníbal de Almeida, *ob. cit.*, p. 35 e ss.

Também Casalta Nabais se inclina neste sentido, embora entenda que se trata de uma questão que não pode ser alcançada em termos gerais e abstractos, mas sim tendo em conta o recorte de cada taxa em concreto, procedendo-se, como é mister, em cada caso, à investigação do critério que suporta a "taxa". E das duas uma: ou esse critério assenta na ideia de proporcionalidade entre a prestação (a taxa) e a contraprestação específica (traduza-se esta numa prestação estadual ao particular ou numa específica despesa estadual provocada pelo particular), deparando-nos com uma verdadeira taxa; ou não assenta numa tal ideia, caso em que teremos uma figura tributária que, em virtude de ter por base a capacidade contributiva, não pode deixar de se guiar pelo regime próprio dos impostos. Foi aliás, segundo o autor, a um teste deste tipo que procedeu o Tribunal Constitucional no seu Acórdão n.º 357/99 em que concluiu, por unanimidade, embora em secção, pela natureza de taxa da "taxa pela realização de infra-estruturas urbanísticas do concelho de Amarante". Casalta Nabais, *Fiscalidade do Urbanismo*, cit., p. 54.

[80] As coisas são hoje diferentes, como veremos infra, Anexo A, comentário ao artigo 116º do Decreto-Lei n.º 555/99.

Taxas e Cedências Urbanísticas 83

a cabo uma actividade que provoca uma maior despesa do ente público, levando este a cabo uma contraprestação que não é *especialmente dirigida ao sujeito passivo da taxa*. Nesta óptica das coisas, não haverá, nestes casos, nenhuma contraprestação, em termos rigorosos, por parte do ente que a cobra e, portanto, aquela prestação não poderá ser considerada taxa.

Embora não seja necessário, para estarmos perante uma taxa, que a contraprestação da Administração municipal seja imediata, é, no entanto, ponto indispensável que o contribuinte goze da *possibilidade efectiva de aceder ao consumo do bem consubstanciado na contraprestação da autoridade pública* e *dentro de um espaço temporal razoável* do ponto de vista da expectativa humana de haver ainda uma necessidade a satisfazer a causa da taxa. Deste modo, para que a taxa pela realização de infra-estruturas urbanísticas assuma a natureza de verdadeira taxa, é necessário que a possibilidade de utilização das infra--estruturas se configure como uma *real possibilidade de acontecer.* Faltando isto, a *"taxa"* passa a ser um simples meio de financiar gastos gerais dos municípios, deixando, juridicamente, de ser taxa para passar a assumir a natureza de um tributo especial (contribuição por maiores despesas), que está sujeito, como se sabe, ao regime dos impostos.[81]

Assim, esta taxa pode ser cobrada mesmo em relação a operações que apenas dão causa indirecta ou mediata à realização de infra-estruturas urbanísticas, desde que a possibilidade da sua utilização surja como *concretizável.* [82] Com efeito, o que se exige, e que retira o carác-

---

[81] Esta é a posição de Benjamim Rodrigues. Tal como se afirmou no Parecer da Procuradoria Geral da República n.º 6/93, para que um município possa cobrar a taxa é necessário que preste ou que possa prestar o respectivo serviço; se não existe o "serviço" ou ele não pode ser utilizado (ou vir a ser utilizado) por aquele a quem é exigido o tributo, quebra-se o sinalagma, desenha-se o carácter de unilateralidade própria de imposto, situação onde há ausência de vantagens ou utilidades correspectivas, o que claramente distingue esta espécie tributária da taxa.

[82] Como afirma Paz Ferreira, seria um absurdo esperar pelo momento em que se verificasse a efectiva necessidade de realizar infra-estruturas e imputar a totalidade dos seus custos a quem tivesse o "azar" de ser o último a realizar uma das operações que dá origem à necessidade das infra-estruturas. Daí que elas devam ser cobradas não só relativamente às operações que *tenham determinado* (causa directa) mas também as que venham a *determinar no futuro (causa indirecta)* a necessidade de realização de infra-estruturas urbanísticas.

ter unilateral típico do imposto à taxa pela realização de infra-estruturas urbanísticas, é que ocorram vantagens ou utilidades correspectivas, de modo a que os munícipes tenham a possibilidade jurídica de exigir a realização, num prazo razoável, das infra-estruturas urbanísticas, para além de poderem utilizar os equipamentos públicos que a autarquia disponibiliza.

Para que a taxa pela realização de infra-estruturas urbanísticas não seja confundida com as contribuições por maiores despesas, é necessário que as operações que lhe dão causa comportem efectivamente uma *sobrecarga* nas infra-estruturas relativamente à situação anterior à realização dessas operações, sobrecarga essa que irá determinar a *necessidade efectiva* (se não imediata, no futuro) de criar ou reforçar as infra-estruturas existentes. Se a operação em causa licenciada não ditar a necessidade (imediata ou no futuro) de realização de novas infra-estruturas pelo município, ou pelo menos a alteração das existentes em consequência do acréscimo da utilização resultante da nova ocupação do solo, não deverá haver lugar à liquidação desta *taxa*, por lhe faltar a respectiva contraprestação.

A taxa pela realização de infra-estruturas urbanísticas aparece, pois, como uma clara situação de fronteira.[83]

Tendo isto em consideração, o legislador introduziu, no Decreto--Lei n.º 555/99 algumas exigências no sentido de garantir a esta taxa a

---

[83] Com efeito, ela perderá rapidamente a natureza de taxa se o que está em causa na sua cobrança é uma utilidade obtida da actividade pública de interesse geral ou da maior despesa causada ao município pela necessidade de fazer face aos maiores encargos com uma tal actividade privada. Nestes casos não há, em boa verdade, qualquer contraprestação individualizada de serviços aos particulares assente em qualquer dever específico do mesmo município que possa substanciar o facto gerador da taxa. Estamos, assim, de facto, fora do domínio da taxa e, portanto, perante uma prestação unilateral que configurará, quanto muito, uma contribuição especial, quando a cobrança do respectivo montante constitui uma *receita do município* que será por ele utilizada *na realização de qualquer fim*, sem que os contribuintes que pagam a taxa possam exigir mais do que qualquer outro que se crie ou melhore a rede viária, as redes de drenagem de águas pluviais e de esgotos, as redes de abastecimento de água, electricidade, gás, iluminação pública, dos equipamentos urbanos, nomeadamente áreas de estacionamento, sinalização de trânsito, etc.

Taxas e Cedências Urbanísticas 85

bilateralidade típica desta figura tributária (vide infra Anexo A, anotação ao artigo 116° do Decreto-Lei n.° 555/99).

4. Cedências de terrenos

Para além das taxas, o promotor poderá estar obrigado a *cedências de terrenos* ou a *compensações urbanísticas.*

Tal como acontecia no regime jurídico estabelecido pelo Decreto-Lei n.° Decreto-Lei n.° 448/91, também o Decreto-Lei n.° 555/99 prevê, no n.° 1 do seu artigo 44°, que *"O proprietário e os demais titulares de direitos reais sobre o prédio a lotear cedem gratuitamente ao município as parcelas para a implantação de espaços verdes públicos e equipamentos de utilização colectiva e as infra-estruturas que, de acordo com a lei e a licença ou autorização de loteamento, devam integrar o domínio municipal"*

Conjugando o previsto no artigo 43° com o disposto no artigo 44° deste diploma legal, pode concluir-se que não existe aqui qualquer norma que imponha a *obrigação de cedência* de certas parcelas de terreno para espaços verdes e de utilização colectiva, infra-estruturas viárias e equipamentos. O artigo 43° exige apenas que as operações de loteamento têm de prever parcelas de terrenos para aquelas finalidades (n.° 1), determinando ainda que o dimensionamento para as referidas parcelas é o que estiver definido em plano municipal de ordenamento do território, de acordo com as directrizes estabelecidas pelo Programa Nacional de Ordenamento do Território e pelo plano regional de ordenamento do território (n.° 2) ou, até que sejam estabelecidos os referidos parâmetros nos planos municipais nos termos definidos naquele n.° 2, o dimensionamento definido em Portaria do Ministro responsável pela área do ordenamento do território (Portaria n.° 1136/2001, de 25 de Setembro) cfr. n.° 3 do artigo 128° do Decreto-Lei n.° 555/99. Por sua vez, o artigo 44° impõe a cedência gratuita ao município dessas parcelas de terrenos que de *acordo com a lei* ou a *operação de loteamento,* devam integrar o domínio público, prevendo expressamente o artigo 43°, n.°s 3 e 4 que os espaços verdes e de utilização colectiva, infra-estruturas viárias e equipamentos possam ter *natureza privada,* constituindo, nesse caso, partes comuns dos edifícios a construir nos lotes resultantes da operação de loteamento, ficando sujeitos ao regime da propriedade horizontal.[84]

Deste modo, a cedência de parcelas de terrenos para o domínio público municipal no âmbito de uma operação de loteamento resultará, ou de o plano municipal em vigor para a zona o impor ou, no silêncio do plano, de tal resultar da *lei* ou da *operação de loteamento* em concreto. Deste modo, só haverá obrigatoriedade de cedência para o domínio público quando a operação de loteamento preveja a instalação de um equipamento que, devido à sua natureza ou finalidade, tenha de ter livre acesso da comunidade, ou infra-estruturas que tenham de ser utilizadas por todos. Isto significa que a cedência de parcelas de terrenos para o domínio público depende, necessariamente, da concreta operação de loteamento que se pretende levar a cabo, ou seja, do arranjo urbanístico que ela propõe para a zona. Pode até acontecer que, de acordo com a operação de loteamento, não tenha de existir qualquer cedência para o domínio público municipal.[85]

Nos casos em que o prédio a lotear *já se encontra servido por infra-estruturas* ou *não se justificar qualquer equipamentos ou espaço verde público* no referido prédio, ou ainda nos casos em que os espaços verdes e de utilização colectiva, infra-estruturas viárias e equipamentos existentes *não sejam cedidos para o domínio público ficando a constituir parte (privada)* comum dos lotes resultantes da operação de loteamento e dos edifícios que neles venham a ser erigidos, o proprietário é

---

[84] Neste sentido, António Duarte de Almeida e outros, *ob. cit.*, comentário aos artigos 15° e 16° do Decreto-Lei n.° 448/91.

[85] Estamos perante um regime praticamente igual ao previsto no Decreto-Lei n.° 448/91, mas que difere grandemente do instituído no Decreto-Lei n.° 400/84, de 31 de Dezembro, em cujo artigo 42° se determinava a *obrigatoriedade de cedência*, a título gratuito das parcelas de terrenos devidamente assinaladas na planta de síntese destinadas a praças, arruamentos, passeios adjacentes, baías e estacionamentos de veículos e de paragem de transportes públicos e faixas arborizadas anexas, áreas públicas livres envolventes das edificações destinadas ao movimento e estar dos peões, e equipamentos públicos, tais como os destinados a educação, saúde, assistência, cultura e desporto, as superfícies verdes para convívio, recreio, lazer e bem assim, a parques de estacionamento.

Taxas e Cedências Urbanísticas

obrigado ao pagamento de uma *compensação ao município*, em *numerário* ou em *espécie*, nos termos a definir em regulamento municipal. No caso em que esta compensação é feita em espécie estamos, também aqui, perante uma cedência de terrenos, mas de natureza diferente da referida no n.º 1 do artigo 44º, já que se trata agora de cedências para o domínio privado municipal.

Novidade do Decreto-Lei n.º 555/99 é a extensão deste regime, que estava desde 1991 previsto apenas para os loteamentos urbanos, também às situações de construção de edifícios. Com efeito, a construção de edifícios exige igualmente que *compensações urbanísticas* nas situações e nos termos referidos nos n.ºs 5 e 6 do artigo 57º.

Questão importante é a de saber qual a natureza jurídica destas compensações (impostos ou taxas?). Para Casalta Nabais estas compensações têm a mesma natureza das taxas pela realização de infra-estruturas urbanísticas, visando exigir contrapartidas pelas despesas urbanísticas realizadas pelo município.[86] Em sentido contrário, Benjamim Rodrigues afirma que, quer a obrigação de urbanizar nos loteamentos, quer a obrigação de cedências, não são recebidas a título tributário, sendo antes condicionantes administrativas estabelecidas no processo de urbanização.[87]

Sobre este ponto sempre podemos afirmar que, quanto a nós, pelo menos para aquilo que interessa directamente a este trabalho, mais importante do que discutir a questão da natureza jurídica destas compensações, é perceber que as *cedências de terrenos* para espaços verdes e de utilização colectiva, infra-estruturas e equipamentos públicos feitas pelo promotor ao município; a *realização*, sendo caso disso, de *obras de urbanização* (infra-estruturas dentro da área loteada), depois de obtido o respectivo licenciamento, de acordo com o projecto apro-

---

[86] No entender deste autor, tal como acontece em relação à taxa pela realização de infra-estruturas urbanísticas, também nas compensações urbanísticas é preciso ter presente que a sua verdadeira natureza terá de ser encontrada caso a caso, através da realização de testes de proporcionalidade inerente à figura das taxas. Cfr. Casalta Nabais, "Fiscalidade do Urbanismo", in *O Sistema Financeiro e Fiscal do Urbanismo,* cit., p. 55.

[87] Cfr. Benjamim Rodrigues, ob. cit., p. 195.

vado e dentro do prazo fixado para a sua conclusão; e o *pagamento das taxas* pela realização de infra-estruturas urbanísticas e pela concessão do licenciamento da operação de loteamento, são encargos exigíveis ao promotor imobiliário cumuláveis na mesma operação urbanística. Isto significa que é possível, do ponto de vista perequativo, relacioná-los, isto é, construir um mecanismo de perequação que entre em linha de conta com os diferentes encargos que impendem sobre o promotor. A esta possibilidade voltaremos mais à frente.

5. As taxas como possível mecanismo de procura da equidade

A necessidade de criação de mecanismos de justa repartição de benefícios e encargos entre os destinatários dos planos, resulta actualmente, como vimos, do Decreto-Lei n.º 380/99, que a transforma num *dever para a Administração* e num *direito (e num dever) para os particulares* (cfr. artigos 135º e 136º n.º 2 do Decreto-Lei n.º 380/99).

Sendo o acto de licenciamento (de construção e de loteamento urbano) aquele que conforma os direitos "atribuídos" pelo plano urbanístico e que, portanto, efectiva as desigualdades decorrentes do plano, pensámos ser útil e possível que as próprias taxas (condição de emissão dos referidos actos de licenciamento) sejam utilizadas como mecanismos de perequação, aspecto este que é confirmado pelo disposto no n.º 1 do artigo 136º do Decreto-Lei n.º 380/99 quando determina que podem existir mecanismos não só directos, mas também *indirectos* de perequação, isto é, neste último caso, mecanismos cuja finalidade imediata não é fazer perequação mas que podem igualmente ser utilizados para esse fim, como é nitidamente o caso das taxas.

5.1. *A taxa pela realização de infra-estruturas urbanísticas como mecanismo de perequação*

Alves Correia defendeu, há já alguns anos (in. O Plano Urbanístico e o Princípio da Igualdade), a possibilidade de utilização da taxa pela realização de infra-estruturas urbanísticas como mecanismo de perequação. Com efeito, segundo este Autor, sendo o critério para a fixação da referida taxa o da recuperação do custo das infra-estruturas (funcionando, pois, primordialmente como mecanismo de financiamento para o município), já o critério para a repartição desse custo pode ser determinado de acordo com a *vantagem ou benefício que os proprietários dos terrenos tenham obtido com a realização das infraestruturas urbanísticas.*

Esta possibilidade está actualmente prevista, quer no Decreto-Lei n.º 380/99, quer no Decreto-Lei n.º 555/99.

O primeiro daqueles diplomas fornece-nos algumas pistas neste sentido. Assim, o artigo 118º do Decreto-Lei n.º 380/99, relativo à execução dos planos municipais, determina a necessidade de coordenar a actuação do município (como entidade responsável em primeira linha, por aquela execução) com a actuação dos particulares (n.º 1), consagrando expressamente o *dever de participação (comparticipação) dos particulares*, quer no que concerne à *execução propriamente dita* (no sentido de cumprirem o que se encontra estipulado nos planos), quer no que diz respeito ao *financiamento da execução* (devendo os mesmos comparticipar designadamente no financiamento da execução dos sistemas gerais das infra-estruturas e equipamentos públicos municipais e intermunicipais) cfr. n.º 3 do artigo 118º.

Concretizando este dever de comparticipação no financiamento da urbanização, o artigo 142º do Decreto-Lei n.º 380/99 determina que os critérios a ter em conta na *repartição dos seus custos* serão, isolada ou conjuntamente, o tipo ou intensidade de aproveitamento urbanístico determinado pelas disposições do plano e a superfície do lote ou parcela. O pagamento destes custos não tem necessariamente de ser feito em dinheiro, podendo, mediante acordo com os proprietários interessados, ser concretizado através da cedência ao município, livre de ónus ou encargos, dos lotes ou parcelas com capacidade *aedificandi* de valor equivalente.

A própria perequação de benefícios e encargos decorrentes dos planos tem também como objectivo permitir o financiamento da urbanização e execução dos planos municipais, podendo, pois, surgir como um instrumento importante para esse efeito. É o que resulta da alínea b) do artigo 137º do Decreto-Lei n.º 380/99, nos termos da qual um dos objectivos (colaterais) da perequação é o da *"obtenção pelos municípios de meios financeiros adicionais para a realização das infra-estruturas urbanísticas e para o pagamento de indemnizações por expropriação"*.[88]

Uma leitura atenta de todos estes dispositivos permite-nos chegar a várias conclusões de relevo em matéria de taxa pela realização de infra-estruturas urbanísticas.

Assim, partindo do Decreto-Lei n.º 555/99, dele decorre claramente que o objectivo principal ou imediato da taxa pela realização de infra-estruturas urbanísticas é a *compensação aos municípios pelos gastos feitos com a execução deste tipo de infra-estruturas* (arruamentos, redes de abastecimento de água, gás e electricidade, redes de drenagem de esgotos, etc.). Este diploma assenta, pois, no princípio de que esta taxa não é determinada em função do aumento do valor ocorrido nos imóveis, especialmente nos terrenos, em consequência da realização das infra-estruturas urbanísticas, mas em função do seu *custo*. Aquela não é guiada pelo princípio da *recuperação do valor ou do benefício ocasionado pelas obras urbanísticas*, mas pelo princípio da *cobertura dos custos* das mesmas.[89]

Não obstante isto, decorre, como vimos, do Decreto-Lei n.º 380/ /99 que esta taxa não deixa de ter como fundamento ou como justificação as vantagens que os proprietários de terrenos obtiveram com as obras de urbanização ou com as infra-estruturas urbanísticas. É que a regra prevista no artigo 142º assenta na ideia de que o custo das infra- -estruturas terá de ser repartido pelos proprietários de acordo com as vantagens ou benefícios obtidos com as obras de urbanização, o que faz com que esta taxa esteja consagrada como um mecanismo que contribui, ainda que indirectamente, para uma recuperação, mesmo que parcial, pela comunidade municipal das mais valias provenientes das obras de urbanização realizadas pelos municípios nos prédios. E como estas

---

[88] Para mais desenvolvimentos sobre a problemática da perequação dos benefícios e encargos resultantes dos planos municipais de ordenamento do território, cfr. Fernando Alves Correia, *Manual de Direito Urbanismo,* cit., p. 484 e ss.

[89] Cfr., sobre este ponto, Fernando Alves Correia, *O Plano Urbanístico,* cit., p. 579.

são levados a cabo em obediência às disposições dos planos, há também uma relação entre a taxa cobrada e as vantagens obtidas pelos proprietários com os instrumentos de planeamento.

Para confirmar esta concepção da taxa pela realização de infra-estruturas urbanísticas como um mecanismo de perequação de benefícios e encargos decorrentes dos planos, basta atender à inserção sistemática do artigo 142º no Decreto-Lei n.º 380/99, ou seja, na Subsecção dedicada aos mecanismos de perequação compensatória exemplificativamente aí previstos.

Para além do mais, a própria alínea b) do n.º 5 do artigo 116º do Decreto-Lei n.º 555/99 afirma claramente que o montante da taxa pela realização de infra-estruturas urbanísticas pode ser diferenciado em função dos usos e tipologias das edificações e, eventualmente, da respectiva localização e correspondentes infra-estruturas locais, donde resulta que a taxa, embora tenha a ver directamente com o impacto, em termos de sobrecarga, que as novas ocupações dos solos vão ter nas infra-estruturas existentes, tem também um objectivo de perequação dos benefícios e encargos decorrentes dos planos.

Podemos, pois, concluir, tendo em conta a nova legislação, que, embora a função directa da taxa pela realização de infra-estruturas urbanísticas seja a de compensar os municípios pelos custos decorrentes da sua realização, manutenção e reforço – não sendo, por isso, orientada directamente pelo princípio da recuperação do benefício, ganho ou mais valia resultante do plano, mas pelo princípio da cobertura do custo –, pode a mesma igualmente contribuir, se bem que apenas indirectamente, para a atenuação ou redução das desigualdades de tratamento decorrentes dos planos.[90]

---

[90] Cfr. Fernando Alves Correia, *O Plano Urbanístico*, cit., p. 643-645. A taxa pela realização de infra-estruturas urbanísticas encontra-se também ligada à ideia de igualdade, pois, ao permitir que o tipo e a intensidade da utilização urbanística concedidos pelo plano funcionem como critérios de repartição do seu custo, está a lei a permitir que quem beneficia de um direito de construção mais amplo deve contribuir em maior medida para as despesas de urbanização.

5.2. *A taxa pela emissão da licença como mecanismo de perequação*

A opção de se fazer a perequação através da taxa pela realização de infra-estruturas urbanística apresentava no anterior regime legal, e continua a apresentar actualmente algumas dificuldades.

A possibilidade de utilização desta taxa como mecanismo de perequação só funcionaria convenientemente se pudesse ser aplicada a todos os casos (loteamentos e construções) o que, no anterior regime legal, não obstante o Acórdão do Tribunal Constitucional n.º 639/95, nem sempre era isento de dúvidas.

Ultrapassada esta dificuldade continua, no entanto, a existir uma outra, que nos pode fazer cair num problema diferente: a da distinção destas taxas com os tributos especiais para maiores despesas.

Face a estas dificuldades pode ser preferível utilizar, para fins perequativos, a taxa pela concessão do licenciamento (do loteamento e da construção), que é a contrapartida não só pelo serviço burocrático prestado pela Administração na apreciação dos projectos e e emissão das respectivas licenças e alvarás, mas também a contrapartida corres-pondente à *remoção de um limite legal ao exercício de um direito* (o limite imposto por lei à liberdade de edificação ou de divisão fundiá-ria do solo, remoção essa que corresponde a uma vantagem concedida ao particular). Para que a taxa pela emissão do licenciamento funcione como mecanismo de perequação basta que o critério para a sua fixação e repartição se baseiem nas diferentes vantagens concedidas, ou seja, na maior ou menor vantagem atribuída ao particular ao serem-lhe removidos limites legais aos seus direitos de construir ou lotear. A *localização, natureza* e *dimensão* da obra ou uso licenciado ou outros elementos poderão, deste modo, funcionar como critérios de fixação do montante da taxa.

5.3. *Uma taxa perequativa como síntese dos vários benefícios e encargos decorrentes do processo urbanístico*

Tendo em consideração a possibilidade abstracta de utilização da taxa como mecanismo de perequação e que esta é, conjuntamente com outros, um dos encargos impostos aos promotores imobiliários no processo de urbanização, parece-nos razoável a construção de um modelo perequativo que utilize como mecanismo uma taxa que englobe as várias vantagens obtidas pelo particular no processo urbanístico (sendo esta a contrapartida pela concessão de tais vantagens), mas que simultaneamente contabilize os encargos (todos) que o promotor tenha de cumprir ou tenha cumprido.

O modelo que aqui apontaremos no ponto 7 deste capítulo relativo a taxas e cedências partirá deste pressuposto.

6. Síntese conclusiva

Antes da apresentação da nossa proposta para um modelo relativo a taxas e cedências, vejamos quais são as principais conclusões a retirar do que ficou dito até ao momento.

Assim:

6.1. *"A taxa é uma prestação pecuniária, autoritariamente estabelecida como contrapartida de uma actividade pública especialmente dirigida ao respectivo obrigado".*

A taxa tem, pois, um carácter bilateral, só podendo ser aplicada mediante uma contrapartida prestada por um ente público a um particular.

Tal contrapartida, correspondendo à concessão de uma vantagem, poderá traduzir-se em:

– disponibilização ao particular de um serviço público;
– possibilidade de uso privativo de um bem do domínio público;
– remoção administrativa de limites legais a actividades particulares.

6.2. Várias são as características que podem ser imputadas à contraprestação pública da taxa: pode ser *originada numa solicitação espontânea*, ou *imposta pela lei;* não tem de ter uma *equivalência económica* com a taxa que o particular paga; não é necessário que tenha existido a efectiva utilização dos bens para que a taxa seja devida,

94 Perequação – Taxas e Cedências

bastando que exista a simples possibilidade dessa utilização, podendo ainda a referida contraprestação *ser futura*.

6.3. Os municípios gozam de autonomia para, nos termos da lei, estabelecerem as taxas municipais e os respectivos montantes. Entre estas, a taxa pela licença de loteamento, a taxa pela licença de construção e a taxa pela realização de infra-estruturas urbanísticas.

6.4. As taxas pelas licenças de loteamento e de construção funcionam como contrapartida por:

– prestação de um serviço pelo município o correspondente à apreciação e processamento técnico administrativo dos pedidos;
– remoção de um limite legal à liberdade de edificação e à edificação do solo, com as consequentes vantagens concedidas.

6.5. Por sua vez, a taxa pela realização, reforço e manutenção de infra-estruturas urbanísticas corresponde à contrapartida dos investimentos municipais com a construção, reforço e manutenção das infra-estruturas equipamentos e espaços verdes (por vezes os gerais e os locais, por vezes apenas os gerais, raramente apenas os locais).

A referida taxa pode ser cobrada quer no domínio dos loteamentos urbanos, quer no domínio das obras particulares. Tendo esta questão sido esclarecida pelo Tribunal Constitucional no seu Acórdão n.° 639/96, ela veio a ficar definitivamente consagrada no Decreto-Lei n.° 555/99.

No entanto, dada a sua natureza de taxa, terá de existir a característica da bilateralidade, o que significa que ela apenas poderá ser cobrada quando exista efectivamente uma contrapartida pública, que embora podendo ser futura, tem de aparecer como uma *real possibilidade de acontecer*. Das infra-estruturas já realizadas, e cuja manutenção se traduz assim num *facto certo*, e as infra-estruturas só *pensadas e idealizadas* como necessárias ao futuro reforço das existentes em virtude da pressão urbanística, vai um grande passo. E, se a prestação pecuniária apenas se reportar a uma necessidade genérica de infra-estruturas (que existirá sempre porque todas as infra-estruturas têm capacidade limitada), não sendo especialmente dirigida ao respectivo obrigado, poderá vir a ser considerada um tributo especial, equiparada a imposto, fugindo à competência municipal.

6.6. As operações de loteamento e os projectos relativos à construção de edifícios contíguos e funcionalmente ligados entre si que determinem impactes urbanísticos semelhantes a uma operação de loteamento (a definir em regulamento municipal) deverão prever terrenos destinados a espaços verdes e de utilização colectiva, infra-estruturas viárias e equipamentos. Tais terrenos poderão ser cedidos para o domínio público municipal ou, se tal não se mostrar necessário, ser mantidos em propriedade privada.

Quando não se verificarem cedências para o domínio público, poderá ser previsto, em regulamentos municipal, compensação, em numerário ou espécie.

6.7. Sendo os planos, por natureza, desiguais e sendo precisamente no momento do licenciamento que a desigualdade decorrente do plano se concretiza, este é o momento adequado para a aplicação dos referidos mecanismos de perequação, podendo estes ser introduzidos no cálculo das taxas urbanísticas.

6.8. As taxas pelos licenciamentos urbanísticos, porque correspondem à remoção de um limite administrativo à possibilidade construtiva, se aplicam a todos os casos e não suscitam as dificuldades colocadas à taxa pela realização das infra-estruturas urbanísticas, afiguram-se adequadas para funcionar como mecanismos de perequação. Para isso, bastará que os critérios para a fixação e repartição dessas taxas visem compensar as diferentes vantagens concedidas através do licenciamento.

6.9. É, no entanto, possível a constituição de um modelo que se baseie numa taxa que, por um lado, englobe as várias vantagens obtidas pelo particular no processo urbanístico e, por outro lado, contabilize (descontado) todos os encargos que o promotor tenha de cumprir ou tenha cumprido.

7. Proposta de um modelo

7.1 *Questões introdutórias*

Para o desenho de um modelo relativo a taxas e cedências urbanísticas, deverão colocar-se, à partida, importantes questões: urbanísticas; relativas à equidade; jurídicas; e financeiras. Das respostas a essas questões ressaltarão as soluções a adoptar.

Do ponto de vista *urbanístico*, há que sublinhar que taxas e cedências (maiores ou menores) terão incidência no comportamento dos promotores; estes tenderão a preferir, naturalmente, as operações urbanísticas que, também desse ponto de vista, lhes forem mais favoráveis.

Assim sendo, haveria que estimular (com menores encargos) as iniciativas que forem consideradas mais positivas, do ponto de vista do ordenamento do território, e haveria que contrariar (com maiores encargos) as que se revelassem negativas.

Esta opinião é tanto mais de sublinhar quanto, na maioria dos municípios, se passa exactamente o contrário: a fuga ao loteamento, traduzida em iniciativa individualizada, não inserida em solução de conjunto, suporta menos encargos; o mesmo acontece com as vivendas isoladas e dispersas, grandes consumidoras de solo e de infra-estruturas.

Importa pôr fim a esta situação, o que numa primeira fase poderá passar pelo igualizar dos encargos associados a tais iniciativas com os suportados por loteamentos que realizam cedências e obras de urbanização.

Adoptar-se-á, então, o princípio de que os encargos deverão ser proporcionais aos benefícios e iguais para todo o tipo de operações urbanísticas (loteamentos que realizam obras de urbanização; loteamentos que não realizam obras de urbanização; edificações não precedidas de loteamento), sem duplicação de encargos (nomeadamente nos casos de edificações precedida de loteamento).

Quanto à *procura de equidade*, há que lembrar que taxas e cedências constituem encargos associados a autorização administrativa para urbanizar e/ou edificar.

Estando os municípios obrigados a uma distribuição perequativa dos encargos dos particulares, não poderão deixar de os considerar (enquadrar ou, no mínimo, articular) no quadro dos mecanismos perequativos que lhes compete estabelecer.

Além disso, com se referiu no ponto 5, as taxas poderão ser utilizadas como mecanismos indirectos de perequação dos benefícios.

Assumiremos, então, as taxas e cedências urbanísticas como parte integrante de um modelo perequativo.

Mas taxas e cedências têm um *enquadramento jurídico* próprio, só podendo ser aplicadas as expressamente previstas na legislação em vigor e que são:

– taxas pelas licenças, de loteamento e de edificação;
– taxa pela realização, reforço e manutenção das infra-estruturas urbanísticas,
– cedência de terreno para infra-estruturas urbanísticas (incluindo no conceito equipamentos e zonas verdes) e compensação nos casos em que aquela não seja necessária.

Acontece, no entanto, que a aplicação da taxa pelas infra-estruturas urbanísticas poderá, nalguns casos, ser juridicamente controversa, nomeadamente quando não ocorram, efectivamente, obras realizadas pelo município e associáveis à operação urbanística que a suscitou.

Mas, a ser aplicada nuns casos e não noutros, estar-se-á perante situação desigual no que respeita aos encargos dos promotores e consequentes vantagens concedidas.

Uma solução poderá ser, então, a de utilizar a taxa pelo licenciamento como mecanismo perequativo, já que esta é aplicável a todos os casos e não suscita as dificuldades que se colocam à taxa pelas infra-estruturas.

Sublinhando o objectivo perequativo, e também para obviar eventuais questões jurídicas, afigura-se vantajoso agregar as prestações pecuniárias passíveis de serem fixadas pelo município num só "encargo urbanístico", assumindo-o como somatório das duas taxas e da cedência atrás referidos.

Tal "encargo urbanístico", portador desta globalidade, e de acordo com a lei:
- constituiria uma contrapartida pela prestação de um serviço, o do processamento técnico/administrativo municipal;
- constituiria uma contrapartida pela remoção do limite legal à possibilidade de urbanizar e/ou edificar, com as consequentes vantagens concedidas;
- corresponderia a um comparticipação nos custos das infra--estruturas gerais e locais (em terreno, obras iniciais, reforço e manutenção);
- desempenharia a função de mecanismo perequativo (indirecto) dos encargos e, eventualmente, dos benefícios.

Resta abordar a *questão financeira*, já que taxas e compensações correspondem a prestações pecuniárias e são fonte de receita do município.

O seu valor, devendo respeitar alguma proporcionalidade relativamente às vantagens concedidas e/ou ao custo das infra-estruturas, traduzirá essencialmente uma decisão política e financeira que, face a cada realidade, compete ao município tomar.

Vale a pena, no entanto, chamar a atenção para as consequências, neste domínio, das considerações atrás formuladas, de ordem urbanística e relativas à equidade.

Um loteamento com alguma dimensão assume, normalmente, a totalidade dos encargos com as infra-estruturas locais e, muitas vezes, a cedência de terreno para infra-estrutura geral. Para evitar que as iniciativas individualizadas sejam beneficiadas, comparativamente a esse loteamento, e também por uma questão de equidade, é necessário que assumam, no mínimo, encargos similares.

De notar que tal encargo é muito superior aquele que, em média, na maioria dos municípios, é hoje suportado por tais iniciativas. De facto, em muitos casos, a construção não precedida de loteamento e os loteamentos ao longo de via já infra-estruturada supor-

Taxas e Cedências Urbanísticas

tam encargos pouco mais que simbólicos, face ao custo da infra-estrutura[91].

Assumiremos, então, a totalidade dos encargos com infra-estrutura local e a cedência de terreno para infra-estrutura geral como um valor mínimo, a suportar por todas as operações urbanísticas.

7.2. *Formulação do modelo*

Pretendendo-se que as taxas e cedências urbanísticas sejam parte integrante de um modelo perequativo, há que retomar o modelo já por nós formulado no ponto 7 do capítulo II.

Traduz-se, em linhas gerais, na fixação de um encargo-padrão por benefício-padrão[92], o qual:

- será o mesmo para toda e qualquer operação urbanística, sem duplicação de encargos;
- se reportará ao somatório dos encargos de cada operação urbanística e não, necessariamente, a cada uma das suas parcelas (cedência de terreno + obras de urbanização + taxas e compensações);
- englobará uma comparticipação fixa (de valor médio) nos custos da infra-estrutura geral, que incluirá: 100% da cedência do terreno; 0% a 100%[93] do custo da obra de urbanização;

---

[91] As infra-estruturas gerais necessitam de terrenos que poderão oscilar entre os 0.5m2 e os 1.0m2/ m2 de abc e investimentos globais da ordem dos 50€/ m2 de abc.

Os custos das infra-estruturas locais podem variar muito; poderá assumir-se, como mínimo, 0.5 m2 de terreno/ m2 de abc e obras no valor de 25€/ m2 de abc; mas poderão, facilmente, atingir o dobro.

[92] O benefício-padrão poderá ser expresso: simplesmente, em m2 de abc; em m2 de abc, mas ponderado em função de usos ou outros factores que forem considerados relevantes para o benefício a alcançar.

[93] Entende-se ser essa uma decisão essencialmente política, que naturalmente deverá ter em conta cada realidade local. Admite-se o 0% por se saber que o encargo com o terreno e com as obras das infra-estruturas locais é já muito superior ao actualmente suportado pela grande maioria das operações urbanísticas. Mas, em municípios de maior valorização imobiliária, poderá atingir-se os 100%.

100 *Perequação – Taxas e Cedências*

- englobará uma comparticipação mínima no custo das infra-estruturas locais;
- poderá englobar uma parcela correspondente à perequação dos benefícios, a aplicar apenas nas áreas para as quais não tenha sido fixada outra técnica perequativa (nomeadamente em espécie, através da cedência de terrenos, que genericamente considerámos preferível).

Como expressão destas opções e outras anteriormente explicitadas, o "encargo urbanístico", EU, a aplicar a cada uma das áreas do município para o efeito delimitadas e entendido como prestação pecuniária a suportar por todas as operações urbanísticas (salvo quando já tenham sido suportadas), poderá traduzir-se na seguinte fórmula:

$$EU = Ea + Eig + Eil + Epb$$

sendo:

- **Ea**, uma parcela correspondente à prestação de serviços de processamento técnico-administrativo municipal. Para a fixação do respectivo valor seria conveniente conhecer o custo real de funcionamento dos serviços. (Em contas feitas para Aveiro, relativas a meados dos anos 90, chegámos a custos médios da ordem dos 350€/ licença de obra e 1750€/ licença de loteamento).

- **Eig,** uma parcela que articula vantagem concedida com perequação de encargos e com comparticipação na infra-estrutura geral (terreno e obras de urbanização), que poderá ser de valor positivo ou negativo, e que terá expressão na fórmula:

$$Eig = (abc \cdot eig - EPig) + (abc \cdot tig - TPig) \cdot t$$

- **Eil**, uma parcela que articula vantagem concedida com perequação de encargos e com comparticipação nas infra-estruturas locais (terreno e obras de urbanização), que sendo negativa será considerada nula, e que se exprimirá pela fórmula:

$$Eil = (abc \cdot eil - EPil) + (abc \cdot til - TPil) \cdot t$$

Taxas e Cedências Urbanísticas 101

– **Epb**, uma parcela que articula vantagem concedida com perequação de benefícios, que só será aplicada quando a operação
não tenha sido sujeita a outro mecanismo perequativo, que
poderá ser de valor positivo ou negativo, e que será determinada pela fórmula:

$$Epb = (ABC - A.i).c$$

sendo:

A   área da propriedade objecto de licença;

abc   área bruta de construção licenciada, excedente da legalmente já existente; poderá ser ponderada por um factor
correctivo, em função dos usos.

ABC   área bruta de construção que passará a existir na propriedade; poderá ser ponderada por um factor correctivo, em
função dos usos

eig   comparticipação unitária nos custos da infra-estrutura
geral, numa percentagem que poderá variar de 0% a 100%
(decisão política, considerando realidades locais); para o
cálculo do custo unitário poderá considerar-se o valor do
programa plurianual de investimentos – conforme DL555/
/99, art°116°, n°5, b) – dividido pela abc que, previsivelmente, irá ser construída no mesmo período;

eil   comparticipação unitária mínima nos custos da infra-estrutura local; sem prejuizo de cálculos específicos, pode apontar-se para os 25€/ m2 de abc;

tig   cedência unitária de terreno para infra-estrutura geral; a
calcular face às propostas do plano, será de esperar um
valor entre os 0.5m2 e os 1.0m2/m2 de abc;

til   cedência de terreno mínima para infra-estrutura local; sem
prejuizo de cálculos específicos, pode apontar-se para os
0.5m2 / m2 de abc;

EPig   custo de obras de infra-estruturas gerais realizadas pelo
promotor;

EPil custo de obras de infra-estruturas locais realizadas pelo promotor;

TPig área das parcelas cedidas pelo promotor para infra-estruturas gerais;

TPil área das parcelas cedidas pelo promotor para infra-estruturas locais;

t valor do terreno/ m2;

i índice médio de utilização;

c valor unitário da compensação, por m2 de abc que ultrapassa o índice médio de utilização.

ANEXOS

ANEXOS

Anexo A

LEGISLAÇÃO RELATIVA À PEREQUAÇÃO E ÀS TAXAS E CEDÊNCIAS[94]

1. Constituição da República Portuguesa

2. Lei n.º 48/98, de 11 de Agosto

3. Decreto-Lei n.º 380/99, de 22 de Setembro

4. Decreto-Lei n.º 555/99, de 16 de Dezembro, com as alterações do Decreto-Lei n.º 177/2001, de 4 de Junho

5. Lei n.º 42/98, de 6 de Agosto

---

[94] No presente Anexo procede-se à recolha de artigos inseridos em vários diplomas legais e que têm incidência, directa ou indirecta, em matéria de perequação, taxas e cedências.

Dada a sua especial importância, procederemos à anotação dos artigos especificamente relativos à perequação, com particular relevo para os do Decreto-Lei n.º 380/99.

CONSTITUIÇÃO DA REPÚBLICA PORTUGUESA
(Versão da Lei Constitucional n.º 1/97, de 20 de Setembro)

Artigo 13.º
(Princípio da igualdade)

1. Todos os cidadãos têm a mesma dignidade social e são iguais perante a lei.

2. Ninguém pode ser privilegiado, beneficiado, prejudicado, privado de qualquer direito ou isento de qualquer dever em razão de ascendência, sexo, raça, língua, território de origem, religião, convicções políticas ou ideológicas, instrução, situação económica ou condição social.

Artigo 65.º
(Habitação e urbanismo)

....

4. O Estado, as regiões autónomas e as autarquias locais definem as regras de ocupação, uso e transformação dos solos urbanos, designadamente através de instrumentos de planeamento, no quadro das leis respeitantes ao ordenamento do território e ao urbanismo, e procedem às expropriações dos solos que se revelem necessárias à satisfação de fins de utilidade pública urbanística.

5. É garantida a participação dos interessados na elaboração dos instrumentos de planeamento urbanístico e de quaisquer outros instrumentos de planeamento físico do território.

TÍTULO IX
Administração Pública

Artigo 266.º
(Princípios fundamentais)

1. A Administração Pública visa a prossecução do interesse público, no respeito pelos direitos e interesses legalmente protegidos dos cidadãos.

2. Os órgãos e agentes administrativos estão subordinados à Constituição e à lei e devem actuar, no exercício das suas funções, com respeito pelos princípios da igualdade, da proporcionalidade, da justiça, da imparcialidade e da boa-fé.

LEI N.º 48/98, DE 11 DE AGOSTO

Lei de Bases da Política de Ordenamento do Território e de Urbanismo

As questões da *execução dos planos* e da *perequação de benefícios e encargos* deles decorrente foram as principais lacunas de regulamentação do nosso ordenamento jurídico até 1998. A Lei de Bases da Política de Ordenamento do Território e de Urbanismo, embora excessivamente centrada nos planos e muito pouco desenvolvida no que respeita a questões operativas e fundiárias, mesmo assim apontou um caminho para o superar das referidas lacunas. Introduziu o princípio da equidade no seu artigo 5º, relativo aos princípios gerais e estabeleceu orientações para a regulação das questões da execução, nos artigos 16º e 17º, e da perequação, no artigo 18º. Este veio estabelecer a necessidade de os instrumentos de gestão territorial vinculativos dos particulares preverem mecanismos de perequação nos termos a estabelecer na lei; tal lei é o Decreto-Lei n.º 380/99, de 22 de Setembro, que veio desenvolver aquelas bases nos seus artigos 135º a 142º.

Artigo 5º
Princípios gerais

A política de ordenamento do território e de urbanismo obedece aos princípios gerais de:

....

e) Equidade, assegurando a justa repartição dos encargos e benefícios decorrentes da aplicação dos instrumentos de gestão territorial;

....

Artigo 16.º
Execução

1 – A Administração Pública tem o dever de proceder à execução coordenada e programada dos instrumentos de planeamento territorial, recorrendo aos meios de política de solos que vierem a ser estabelecidos na lei.

Perequação – Taxas e Cedências

2 – Para a execução coordenada e programada dos instrumentos de planeamento territorial, os meios de política de solos a estabelecer na lei devem contemplar, nomeadamente, modos de aquisição ou disponibilização de terrenos, mecanismos de transformação fundiária e formas de parceria ou contratualização, que incentivem a concertação dos diversos interesses.

3 – A coordenação e programação dos instrumentos de planeamento territorial determina para os particulares o dever de concretizar e adequar as suas pretensões às metas e prioridades neles estabelecidas.

Artigo 17.º
Programas de acção territorial

1 – A coordenação das actuações das entidades públicas e privadas interessadas na definição da política de ordenamento do território e de urbanismo e na execução dos instrumentos de planeamento territorial pode ser enquadrada por programas de acção territorial.

2 – Os programas de acção territorial têm por base um diagnóstico das tendências de transformação das áreas a que se referem, definem os objectivos a atingir no período da sua vigência, especificam as acções a realizar pelas entidades neles interessadas e estabelecem o escalonamento temporal dos investimentos neles previstos.

3 – A concretização dos programas de acção territorial é assegurada mediante acordo celebrado entre as entidades neles interessadas

Este artigo não teve desenvolvimento operativo no Decreto-Lei n.º 380/99, tendo nele sido pouco mais do que reproduzido

Artigo 18.º
Compensação e indemnização

1 – Os instrumentos de gestão territorial vinculativos dos particulares devem prever mecanismos equitativos de perequação compensatória, destinados a assegurar a redistribuição entre os interessados dos encargos e benefícios deles resultantes, nos termos a estabelecer na lei.

2 – Existe o dever de indemnizar sempre que os instrumentos de gestão territorial vinculativos dos particulares determinem restrições significativas de efeitos equivalentes a expropriação, a direitos de uso do solo preexistentes e juri-

Anexo A – *Legislação Relativa à Perequação e às Taxas e Cedências*

dicamente consolidados que não possam ser compensados nos termos do número anterior.

3 – A lei define o prazo e as condições de exercício do direito à indemnização previsto no número anterior.

DECRETO-LEI N.º 380/99, DE 22 DE SETEMBRO
Regime Jurídico dos Instrumentos de Gestão Territorial

DIVISÃO III
Plano director municipal

Artigo 85.º
Conteúdo material

O plano director municipal define um modelo de organização municipal do território nomeadamente estabelecendo:

....

s) Os critérios de perequação compensatória de benefícios e encargos decorrentes da gestão urbanística a concretizar nos instrumentos de planeamento previstos nas unidades operativas de planeamento e gestão

> Sobre o papel do PDM na montagem do processo perequativo cfr. ponto 5 do Capítulo II.

DIVISÃO III
Plano de urbanização

Artigo 88.º
Conteúdo material

....

> Sobre a omissão, a propósito do plano de urbanização, da referência à questão da perequação, e o sentido a dar-se a tal facto, cfr. ponto 5 do Capítulo II

DIVISÃO IV
Plano de pormenor

Artigo 91.º
Conteúdo material

1 – Sem prejuízo da necessária adaptação à especificidade da modalidade adoptada, o plano de pormenor estabelece, nomeadamente:

....

g) A estruturação das acções de perequação compensatória a desenvolver na área de intervenção;
h) A identificação do sistema de execução a utilizar na área de intervenção.

....

Sobre o papel do plano de pormenor na montagem do processo perequativo cfr. ponto 5 do Capítulo II.

CAPÍTULO V
Execução, compensação e indemnização

....

O legislador insere, num mesmo, capítulo as questões da *execução dos planos*, da *prequação* do benefícios e encargos deles decorrentes, e da *indemnização* dos danos que resultam das suas disposições. Estamos, de facto, perante três questões intimamente ligadas entre si: 1) a perequação só pode funcionar convenientemente *na* e *aquando* da execução dos planos e, 2) apenas quando as restrições provocadas pelas disposições dos planos não puderem ser compensadas através dos mecanismos de perequação é que haverá lugar à indemnização. Sobre este aspecto, cfr. Fernanda Paula Oliveira, *Sistemas e Instrumentos de Execução dos Planos*, Coimbra, Almedina, 2001.

SECÇÃO I
Programação e execução

....

Sobre este ponto cfr. ponto 4 do Capítulo I

Anexo A – *Legislação Relativa à Perequação e às Taxas e Cedências*   115

SUBSECÇÃO I
Programação e sistemas de execução

Artigo 118.º
Princípio geral

1 – O município promove a execução coordenada e programada do planeamento territorial, com a colaboração das entidades públicas e privadas, procedendo à realização das infra-estruturas e dos equipamentos de acordo com o interesse público, os objectivos e as prioridades estabelecidas nos planos municipais de ordenamento do território, recorrendo aos meios previstos na lei.

2 – A coordenação e execução programada dos planos municipais de ordenamento do território determinam para os particulares o dever de concretizarem e adequarem as suas pretensões às metas e prioridades neles estabelecidas.

3 – A execução dos sistemas gerais de infra-estruturas e equipamentos públicos municipais e intermunicipais determina para os particulares o dever de participar no seu financiamento.

Artigo 119.º
Sistemas de execução

1 – Os planos e as operações urbanísticas são executados através dos sistemas de compensação, de cooperação e de imposição administrativa.

2 – A execução dos planos através dos sistemas referidos no número anterior desenvolve-se no âmbito de unidades de execução delimitadas pela câmara municipal por iniciativa própria ou a requerimento dos proprietários interessados.

Artigo 120.º
Delimitação das unidades de execução

1 – A delimitação de unidades de execução consiste na fixação em planta cadastral dos limites físicos da área a sujeitar a intervenção urbanística e com identificação de todos os prédios abrangidos.

2 – As unidades de execução deverão ser delimitadas de forma a assegurar um desenvolvimento urbano harmonioso e a justa repartição de benefícios e

116   *Perequação – Taxas e Cedências*

encargos pelos proprietários abrangidos, devendo integrar as áreas a afectar a espaços públicos ou equipamentos previstos nos planos de ordenamento.

3 – As unidades de execução podem corresponder a uma unidade operativa de planeamento e gestão, à área abrangida por um plano de pormenor ou a parte desta.

4 – Na falta de plano de pormenor aplicável à área abrangida pela unidade de execução, deve a câmara municipal promover, previamente à aprovação, um período de discussão pública em termos análogos aos previstos para o plano de pormenor.

Artigo 121.º
Programas de acção territorial

1 – A coordenação das actuações das entidades públicas e privadas interessadas na execução dos planos municipais de ordenamento do território pode ser enquadrada por programas de acção territorial.

2 – Os programas de acção territorial têm por base um diagnóstico das tendências de transformação das áreas a que se referem, definem os objectivos a atingir no período da sua vigência, especificam as acções a realizar pelas entidades neles interessadas e estabelecem o escalonamento temporal dos investimentos neles previstos, designadamente:

    a) Definindo as prioridades de actuação na execução do plano director municipal e dos planos de urbanização;

    b) Programando as operações de reabilitação, reconversão, consolidação e extensão urbana a realizar nas unidades operativas de planeamento e gestão;

    c) Definindo a estratégia de intervenção municipal nas áreas de edificação dispersa e no espaço rural.

Artigo 122.º
Sistema de compensação

1 – No sistema de compensação a iniciativa de execução é dos particulares, que ficam obrigados a prestar ao município a compensação devida de acordo com as regras estabelecidas nos planos ou em regulamento municipal.

2 – Os direitos e as obrigações dos participantes na unidade de execução são definidos por contrato de urbanização.

Anexo A – *Legislação Relativa à Perequação e às Taxas e Cedências* 117

3 – De acordo com os critérios estabelecidos na lei e nos planos, cabe aos particulares proceder à perequação dos benefícios e encargos resultantes da execução do instrumento de planeamento entre todos os proprietários e titulares de direitos inerentes à propriedade abrangidos pela unidade de execução, na proporção do valor previamente atribuído aos seus direitos.

4 – A valorização prévia a que se refere o número anterior refere-se à situação anterior à data da entrada em vigor do plano, sendo, na falta de acordo global entre os intervenientes, estabelecida nos termos aplicáveis ao processo de expropriação litigiosa, com as necessárias adaptações.

5 – Nos alvarás das licenças municipais de urbanismo menciona-se a compensação prestada ou que esta não é devida.

6 – Fica proibido qualquer acto de transmissão em vida ou de registo com base em alvará municipal que não contenha alguma das menções a que se refere o número anterior.

Artigo 123.º
Sistema de cooperação

1 – No sistema de cooperação, a iniciativa de execução do plano pertence ao município, com a cooperação dos particulares interessados, actuando coordenadamente, de acordo com a programação estabelecida pela câmara municipal e nos termos do adequado instrumento contratual.

2 – Os direitos e as obrigações das partes são definidos por contrato de urbanização, que pode assumir as seguintes modalidades:

a) Contrato de urbanização, entre os proprietários ou os promotores da intervenção urbanística, na sequência da iniciativa municipal;
b) Contrato de urbanização entre o município, os proprietários ou os promotores da intervenção urbanística e, eventualmente, outras entidades interessadas na execução do plano.

Artigo 124.º
Sistema de imposição administrativa

1 – No sistema de imposição administrativa, a iniciativa de execução do plano pertence ao município, que actua directamente ou mediante concessão de urbanização.

118 *Perequação – Taxas e Cedências*

2 – A concessão só pode ter lugar precedendo concurso público, devendo o respectivo caderno de encargos especificar as obrigações mínimas do concedente e do concessionário ou os respectivos parâmetros, a concretizar nas propostas.

3 – Na execução do plano, o concessionário exerce, em nome próprio, os poderes de intervenção do concedente.

4 – O processo de formação do contrato e a respectiva formalização e efeitos regem-se pelas disposições aplicáveis às concessões de obras públicas pelo município, com as necessárias adaptações.

Artigo 125.º
Fundo de compensação

1 – Para cada unidade de execução é constituído um fundo de compensação com os seguintes objectivos:

a) Liquidar as compensações devidas pelos particulares e respectivos adicionais;
b) Cobrar e depositar em instituição bancária as quantias liquidadas;
c) Liquidar e pagar as compensações devidas a terceiros.

2 – O fundo de compensação é gerido pela câmara municipal com a participação dos interessados nos termos a definir em regulamento municipal.

SUBSECÇÃO II
Instrumentos de execução dos planos

Artigo 126.º
Direito de preferência

1 – O município tem preferência nas transmissões por título oneroso, entre particulares, de terrenos ou edifícios situados nas áreas do plano com execução programada.

2 – O direito de preferência pode ser exercido com a declaração de não aceitação do preço convencionado.

3 – No caso do número anterior, o preço a pagar no âmbito da preferência será fixado nos termos previstos para o processo de expropriação litigiosa, com as

Anexo A – *Legislação Relativa à Perequação e às Taxas e Cedências*   119

necessárias adaptações, se o transmitente não concordar, por sua vez, com o oferecido pelo preferente.

4 – No caso previsto no n.º 2, o direito de preferência só pode ser exercido se o valor do terreno ou dos edifícios, de acordo com a avaliação efectuada por perito da lista oficial de escolha do preferente, for inferior em, pelo menos, 20% ao preço convencionado.

5 – O preferente pode desistir da aquisição mediante notificação às partes.

Artigo 127.º
Demolição de edifícios

A demolição de edifícios só pode ser autorizada:

a) Quando seja necessária para a execução de plano de pormenor;
b) Quando careçam dos requisitos de segurança e salubridade indispensáveis ao fim a que se destinam e a respectiva beneficiação ou reparação seja técnica ou economicamente inviável.

Artigo 128.º
Expropriação

1 – A Administração pode expropriar os terrenos e edifícios que sejam necessários à execução dos planos municipais de ordenamento do território.

2 – Podem, designadamente, ser expropriados por causa de utilidade pública da execução do plano:

a) As faixas adjacentes contínuas, com a profundidade prevista nos planos municipais de ordenamento do território, destinadas a edificações e suas dependências, nos casos de abertura, alargamento ou regularização de ruas, praças, jardins e outros lugares públicos;
b) Os prédios rústicos que, após as obras que justifiquem o seu aproveitamento urbano, não sejam assim aproveitados, sem motivo legítimo, no prazo de 18 meses a contar da notificação que, para esse fim, seja feita ao respectivo proprietário;
c) Os terrenos destinados a construção adjacentes a vias públicas de aglomerados urbanos, quando os proprietários, notificados para os aproveitarem em edificações, o não fizerem, sem motivo legítimo, no prazo de 18 meses a contar da notificação;

120 *Perequação – Taxas e Cedências*

d) Os prédios urbanos que devam ser reconstruídos ou remodelados, em razão das suas pequenas dimensões, posição fora do alinhamento ou más condições de salubridade, segurança ou estética, quando o ou os proprietários não derem cumprimento, sem motivo legítimo, no prazo de 18 meses, à notificação que, para esse fim, lhes for feita, sem prejuízo do disposto no artigo seguinte.

3 – Os prazos a que se referem as alíneas b), c) e d) do n.º 2 referem-se ao início das obras.

Artigo 129.º
Reestruturação da propriedade

1 – Quando as circunstâncias previstas no artigo anterior se verifiquem em relação a um conjunto de prédios de diversos proprietários, pode o município promover o sistema de cooperação ou o sistema de imposição administrativa, bem como apresentar uma proposta de acordo para estruturação da compropriedade sobre o ou os edifícios que substituírem os existentes.

2 – Pode o município proceder à expropriação por causa da utilidade pública da execução do plano:

a) Se os proprietários não subscreverem o acordo proposto ou outro alternativo no prazo fixado;
b) Se os mesmos não derem início às obras ou não as concluírem nos prazos fixados.

3 – Nos casos previstos no número anterior, os edifícios reconstruídos ou remodelados ou os prédios sem construção serão alienados pela câmara municipal em hasta pública, tendo os anteriores proprietários direito de preferência, que, porém, terá de ser exercido no momento da hasta, de que serão notificados pessoalmente, sempre que possível, ou editalmente.

Artigo 130.º
Direito à expropriação

Os proprietários podem exigir a expropriação por utilidade pública dos seus terrenos necessários à execução dos planos quando se destinem a regularização de

Anexo A – *Legislação Relativa à Perequação e às Taxas e Cedências*   121

estremas indispensável à realização do aproveitamento previsto em plano de pormenor.

Artigo 131.º
Reparcelamento do solo urbano de acordo com as disposições do plano

1 – O reparcelamento da propriedade é a operação que consiste no agrupamento de terrenos localizados dentro de perímetros urbanos delimitados em plano municipal de ordenamento do território e na sua posterior divisão ajustada àquele, com a adjudicação dos lotes ou parcelas resultantes aos primitivos proprietários.

2 – São objectivos do reparcelamento:

a) Ajustar às disposições do plano a configuração e o aproveitamento dos terrenos para construção;
b) Distribuir equitativamente, entre os proprietários, os benefícios e encargos resultantes do plano;
c) Localizar as áreas a ceder obrigatoriamente pelos proprietários destinadas à implantação de infra-estruturas, espaços e equipamentos públicos.

3 – A operação de reparcelamento é da iniciativa dos proprietários ou da câmara municipal, isoladamente ou em cooperação.

4 – A operação de reparcelamento de iniciativa dos proprietários inicia-se por requerimento subscrito por todos os proprietários dos terrenos abrangidos dirigido ao presidente da câmara municipal e instruído com o projecto de reparcelamento.

5 – A operação de reparcelamento da iniciativa da câmara municipal inicia-se com a aprovação da delimitação da área a sujeitar a reparcelamento.

6 – A operação de reparcelamento é licenciada ou aprovada pela câmara municipal, consoante a iniciativa do processo tenha cabido respectivamente aos proprietários ou à câmara municipal.

7 – Sempre que algum ou alguns dos proprietários manifestem o seu desacordo relativamente ao projecto de reparcelamento, pode a câmara municipal promover a aquisição dos respectivos terrenos pela via do direito privado ou, quando não seja possível, mediante o recurso à expropriação por utilidade pública.

8 – As relações entre os proprietários ou entre estes e o município são reguladas por contrato de urbanização e contrato de desenvolvimento urbano, respectivamente.

Artigo 132.º
Critérios para o reparcelamento

1 – A repartição dos direitos entre os proprietários na operação de reparcelamento será feita na proporção do valor do respectivo terreno à data do início do processo ou na proporção da sua área nessa data.

2 – Os proprietários poderão, no entanto, fixar, por unanimidade, outro critério.

3 – O cálculo do valor dos lotes ou parcelas resultantes do processo de reparcelamento deverá obedecer a critérios objectivos e aplicáveis a toda a área objecto de reparcelamento, tendo em consideração a localização, dimensão e configuração dos lotes.

4 – Sempre que possível deverá procurar-se que os lotes ou parcelas se situem nos antigos prédios dos mesmos titulares ou na sua proximidade.

5 – Em caso algum se poderão criar ou distribuir lotes ou parcelas com superfície inferior à dimensão mínima edificável ou que não reúnam a configuração e características adequadas para a sua edificação ou urbanização em conformidade com o plano.

Artigo 133.º
Efeitos do reparcelamento

O licenciamento ou a aprovação da operação de reparcelamento produz os seguintes efeitos:

a) Constituição de lotes para construção ou de parcelas para urbanização;
b) Substituição, com plena eficácia real, dos antigos terrenos pelos novos lotes ou parcelas;
c) Transmissão para a câmara municipal, de pleno direito e livre de quaisquer ónus ou encargos, das parcelas de terrenos para espaços verdes públicos e de utilização colectiva, infra-estruturas, designadamente arruamentos viários e pedonais, e equipamentos públicos que, de acordo com a operação de reparcelamento, devam integrar o domínio público.

Artigo 134.º
Obrigação de urbanização

1 – A operação de reparcelamento implica, quando seja caso disso, a obrigação de urbanizar a zona.

Anexo A – *Legislação Relativa à Perequação e às Taxas e Cedências*

2 – A obrigação referida no número anterior recai sobre quem tiver dado início ao processo de reparcelamento, podendo, no caso de reparcelamento da iniciativa dos proprietários, ser assumida por um ou vários, caso se disponham a isso.

3 – Os custos da urbanização serão repartidos pelos proprietários ou por estes e pela câmara municipal nos termos do artigo 142.º

SECÇÃO II
Da compensação

SUBSECÇÃO I
Princípio da perequação compensatória dos benefícios e encargos

A perequação de benefícios e encargos decorrentes dos planos é uma consequência do princípio jurídico da igualdade, princípio este que assume relevo constitucional a três níveis diferentes: como um princípio estruturante do Estado de Direito Democrático; como um direito fundamental dos cidadãos com um regime típico dos direitos, liberdades e garantias (que se traduz numa força jurídica própria decorrente da sua aplicabilidade directa sem necessidade de qualquer lei regulamentadora e na sua vinculatividade imediata para todas as entidades públicas legislativas, judiciais e administrativas) e ainda, como um princípio de acção administrativa (artigo 267º/2 da Constituição). Cfr. Fernando Alves Correia, *Manual de Direito do Urbanismo*, Coimbra, Almedina, 2001, p. 477.

O princípio da igualdade em matéria de planeamento deve ser perspectivado, como defendeu Fernando Alves Correia, em três distintas dimensões: igualdade imanente ao plano (ou proibição do arbítrio) e igualdade transcendente ao plano que se divide, por sua vez, em igualdade perante encargos públicos (expropriações do plano) e igualdade perante benefícios. Assumindo as expropriações dos planos carácter excepcional (a regra é a do carácter não indemnizatório das restrições dos planos – artigo 143º, n.º 1 do Decreto-Lei n.º 380/99), o princípio da igualdade perante benefícios e encargos exige a implementação de medidas de perequação que devem ser criadas, com o propósito de corrigir ou, pelo menos, atenuar as desigualdades introduzidas pelos instrumentos de planeamento territorial.

Artigo 135.º
Direito à perequação

Os proprietários têm direito à distribuição perequativa dos benefícios e encargos decorrentes dos instrumentos de gestão territorial vinculativos dos particulares.

1. A perequação de benefícios e encargos decorrentes dos planos assume a natureza, de acordo com a lei, de um direito dos cidadãos. Trata-se de um direito fundamental (uma vez que decorre do princípio da igualdade que tem a natureza de direito fundamental). Ora, tendo em conta a existência, no nosso ordenamento jurídico, do direito a uma garantia judicial efectiva, é de reconhecer a possibilidade da sua defesa judicial, designadamente através de uma acção para reconhecimento do direito subjectivo à distribuição perequativa dos benefícios e encargos decorrentes dos instrumentos de gestão territorial no caso de a Administração os não adoptar. Cfr. Fernando Alves Correia, Manual de Direito do Urbanismo, cit., p. 485.

2. A perequação visa apenas corrigir as desigualdades que decorrem do plano. Isto significa que a finalidade da perequação não é a de uniformizar o solo, mas redistribuir as desigualdades por ele introduzidas, ou seja, as desigualdades que não existiam antes do plano e que, por isso, são imputáveis a ele. Para o efeito, os mecanismos de perequação devem ter em conta que os terrenos podem ser substancialmente diferentes à partida, isto é, podem ter aptidões e enquadramentos urbanos distintos, bem como distintas capacidades ou vocações funcionais. Isto implica a necessidade de os mecanismos de perequação considerarem diferenciadamente os solos quando tal se justifique, o que deve acontecer, por exemplo, nas situações de vinculação situacional dos solos, ou seja, nas situações em que um regime restritivo de uso dos solos decorre da sua especial situação factual ou das suas características intrínsecas.

Isto é fundamental para assegurar que só se faça perequação das desigualdades (e só dessas) que foram introduzidas pelos planos. O mecanismo de perequação poderá/ /deverá, pois, ter em consideração as pré-existências (localização, configuração, aptidão edificatória), sendo naturalmente de rejeitar que, por intermédio de mecanismos de perequação, se trate de forma igual situações substancialmente diferentes à partida.

3. A questão da perequação coloca-se apenas perante os planos directamente vinculativos dos particulares: planos municipais de ordenamento do território (tipologia que abrange o plano director municipal, o plano de urbanização e o plano de pormenor) e planos especiais de ordenamento do território (designação genérica que abrange os planos de ordenamento de áreas protegidas, os planos de ordenamento de albufeiras de águas públicas e os planos de ordenamento da orla costeira). Com efeito, após a entrada em vigor da Lei de Bases da Política de Ordenamento do Território e do Urbanismo e do Decreto-Lei nº 380/99, de 22 de Setembro, estes são os únicos instrumentos de gestão territorial que colocam problemas de desigualdade entre os proprietários dos solos, na medida em que apenas estes instrumentos de gestão territorial contêm normas capazes de definir, de forma imediata em relação aos particulares, as regras relativas à utilização dos seus solos.

Assim, são os planos municipais de ordenamento do território que definem o regime de uso do solo, através da sua classificação e qualificação (artigo 71º do Decreto-Lei nº 380/99). A classificação do solo determina o destino básico dos terrenos, assentando na distinção fundamental entre solo rural e solo urbano, sendo o primeiro aquele para o qual é reconhecida vocação para as actividades agrícolas, pecuárias, florestais ou mineiras, assim como o que integra os espaços naturais de protecção ou de lazer, ou que seja ocupado por infra-estruturas que não lhe confiram o estatuto de solo urbano, e o segundo, aquele para o qual é reconhecida vocação para o processo de urbanização e de

Anexo A – *Legislação Relativa à Perequação e às Taxas e Cedências*   125

edificação, nele se integrando os terrenos urbanizados ou cuja urbanização seja programada, constituindo o seu todo o perímetro urbano (cfr. artigo 72º). Por sua vez, a qualificação dos solos regula, atenta a sua classificação básica, o aproveitamento do mesmo em função da utilização dominante que nele pode ser instalada ou desenvolvida, fixando os respectivos uso e, quando admissível, edificabilidade (artigo 73º)

No que diz respeito aos planos especiais de ordenamento do território, determina o artigo 44º do Decreto-Lei nº 380/99, que estes estabelecem regimes de salvaguarda de recursos e valores naturais fixando os usos e o regime de gestão compatíveis com a utilização sustentável do território.

Por estes motivos, apenas estes tipos de instrumentos de gestão territorial têm a capacidade para introduzir desigualdades entre proprietários de terrenos, na medida em que são apenas eles que fixam as regras de ocupação, uso e transformação dos solos com um tal grau de precisão que, por isso, definem para os particulares aquilo que eles podem e o que eles não podem fazer nos seus solos.

Artigo 136.º
Dever de perequação

1 – Os instrumentos de gestão territorial vinculativos dos particulares devem prever mecanismos directos ou indirectos de perequação segundo os critérios definidos na subsecção seguinte.

2 – A aplicação de mecanismos de perequação previstos nesta secção realiza-se no âmbito dos planos de pormenor ou das unidades de execução referidas no artigo 120.º, segundo os critérios adoptados no plano director municipal.

1. O Decreto-Lei n.º 380/99 apresenta a perequação de benefícios e encargos decorrentes dos planos, para além de um direito dos proprietários, também como um dever para a Administração (de prever, nos instrumentos de planeamento que venha a elaborar, mecanismos deste tipo artigo 136º), o que significa que a sua adopção se transforma num acto devido para esta.

2. Ao lado dos mecanismos directos de perequação (os verdadeiros mecanismos de perequação) a lei admite igualmente a possibilidade de utilização de mecanismos indirectos, ou seja, de mecanismos criados com outro propósito, mas que permitem igualmente alcançar o objectivo da perequação, como acontece com a taxa pela emissão da licença ou a taxa pela realização de infra-estruturas urbanísticas.

3. No n.º 2 deste artigo, o legislador optou, por mecanismos intra-planos ou intrazonas do mesmo plano. Com efeito, determina-se que os mecanismos de perequação funcionam no âmbito de planos de pormenor ou de unidades de execução, de acordo com os critérios definidos no PDM. Assim, o seu funcionamento pressupõe, em princípio, a elaboração prévia de um plano de pormenor ou a delimitação de uma unidade de execução, a qual deve ser promovida nos termos do artigo 120° do Decreto-Lei n.° 380/ /99. Pensámos, no entanto, que este artigo não deve ser lido no sentido impedir o funcionamento da perequação relativamente a licenciamentos que ocorram em áreas não integradas em planos de pormenor e unidades de execução: em nosso entender, embora o legislador aponte no sentido de que a situação normal é a de que, pelo menos nas áreas de expansão urbana, só poderá ocorrer licenciamento mediante a prévia elaboração de plano de pormenor ou delimitação de unidade de execução, a verdade é que, quando isso não aconteça, terá de haver lugar, igualmente, a perequação, que terá de ocorrer, nestes casos, de acordo com os critérios perequativos definidos no PDM ou em plano de urbanização em vigor na área.

4. Sobre o sentido da parte final do n.° 2 do artigo 136° "...segundo os critérios adoptados no plano director municipal" vide ponto 5. do Capítulo II deste trabalho.

Esta previsão legal está em consonância com a alínea s) do artigo 85° segundo a qual o PDM fixará os critérios de perequação compensatória de benefícios e encargos decorrentes da gestão urbanística a concretizar nos instrumentos de planeamento previstos nas unidades operativas de planeamento e gestão", e ainda com a alínea g) do artigo 91°, segundo a qual o plano de pormenor definirá "a estruturação das acções de perequação compensatória a desenvolver na área de intervenção".

Tendo em conta que muitos municípios estão, neste momento, a elaborar planos de pormenor, e que os respectivos PDMs não definem ainda os mencionados critérios (porque se trata de PDMs elaborados ao abrigo de legislação que o não exigia), coloca- -se a questão de saber se os planos de pormenor estão obrigados, nestas situações, desde já, a fixar os mencionados mecanismos, mesmo na ausência da determinação dos respectivos critérios pelo PDM, ou se, pelo contrário, terão de aguardar a alteração destes instrumentos de planeamento para que os possam passar a prever?

A defesa desta segunda hipótese levaria à paralisação ou, pelo menos, ao atraso substancial do processo de criação de mecanismos de perequação, perdendo-se uma excelente oportunidade de se avançar, desde logo, para a concretização de uma das mais importantes exigências em matéria de planeamento, que é a do cumprimento do princípio da igualdade.

Quanto a nós, entendemos que quando o legislador prevê no Decreto-Lei n.° 380/ /99 que a perequação funcione no âmbito de planos de pormenor ou unidades de execução de acordo com os critérios adoptados no plano director municipal, está a pressupor que o sistema por ele previsto se encontra já a funcionar na íntegra, com PDMs que definem os mencionados critérios de perequação. No entanto, como tal pode não acontecer (pelo menos enquanto todos os PDMs não forem revistos à luz do Decreto-Lei n.° 380/99), parece-nos que o n.° 2 do artigo 136° do Decreto-Lei n.° 380/99 deve ser interpretado no sentido de que, na ausência da definição daqueles critérios em PDMs, devem os planos de pormenor avançar, desde já, para a perequação. É que, em nosso entender, o que o diploma pretende garantir é que os mecanismos de perequação que venham a ser criados não ponham em causa as opções fundamentais que nesta matéria tenham sido tomadas pelo PDM para a globalidade da área do concelho, o que só vale, naturalmente, quando este tenha definido e tomado essa opção. O mesmo significa que se aquele plano não tiver (ainda) fixado os mencionados critérios de perequação, não se coloca, naturalmente, a questão de o plano de pormenor contrariar aquelas opções.

Anexo A – *Legislação Relativa à Perequação e às Taxas e Cedências* 127

A jogar ainda em sentido favorável à interpretação que aqui defendemos está o facto já referido de a perequação aparecer perspectivada como um direito dos cidadãos concretizador do princípio constitucional da igualdade, princípio este que tem, por sua vez, a natureza de um direito fundamental aplicável imediatamente mesmo na ausência de lei. Assim sendo, este direito não pode, nem ser violado, nem ser suspenso, o que, a acontecer, permite que os particulares lancem mão do meio judicial da acção para o reconhecimento do seu direito subjectivo à perequação dos benefícios e dos encargos resultantes do plano ou de uma intimação judicial para a prática de acto devido.

Assim, de acordo com a perspectiva aqui apresentada, quando o n.º 2 do artigo 136º do Decreto-Lei n.º 380/99 exige o funcionamento de mecanismos de perequação de acordo com os critérios adoptados no plano director municipal", devemos acrescentar (por interpretação correctiva) quando este os fixe, o que, tratando-se dos novos PDMs terá necessariamente de acontecer, mas, tratando-se de PDMs elaborados à luz do Decreto-Lei n.º 69/90, em regra não se verifica.

Como o legislador pretende, em todo o caso, que exista nesta matéria uma política para a globalidade da área municipal, terá, nesta última situação, o PDM, quando for elaborado ou revisto, de ter em consideração os mecanismos de perequação que tiverem entretanto sido definidos no âmbito de planos de pormenor ou de unidades de execução, já aprovados e delimitados respectivamente.

5. Nas situações em que os critérios de perequação estejam definidos em PU (e o PU deverá, obrigatoriamente, conter tais critérios, sempre que elaborado na ausência de PDM que os tenha fixado), o seu funcionamento ao nível dos planos de pormenor ou de unidades de execução terá de respeitar, também, naturalmente, os critérios nela definidos.

Artigo 137.º
Objectivos da perequação

Os mecanismos de perequação compensatória a prever nos instrumentos de gestão territorial vinculativos dos particulares deverão ter em consideração os seguintes objectivos:

a) Redistribuição das mais-valias atribuídas pelo plano aos proprietários;

b) Obtenção pelos municípios de meios financeiros adicionais para a realização das infra-estruturas urbanísticas e para o pagamento de indemnizações por expropriação;

c) Disponibilização de terrenos e edifícios ao município para a implementação, instalação ou renovação de infra-estruturas, equipamentos e espaços urbanos de utilização colectiva, designadamente zonas verdes, bem como para compensação de particulares nas situações em que tal se revele necessário;

128 *Perequação – Taxas e Cedências*

d) Estímulo da oferta de terrenos para urbanização e construção, evitando-se a retenção dos solos com fins especulativos;

e) Eliminação das pressões e influências dos proprietários ou grupos para orientar as soluções do plano na direcção das suas intenções.

Identifica este normativo os objectivos que devem ser alcançados pelos mecanismos de perequação que os municípios venham a criar. A perequação deve, desde logo, ter como objectivo imediato (que necessariamente terá de ser cumprido) a redistribuição das mais-valias (bem como das menos-valias) atribuídas pelos planos [alínea a)]. Por isso, não podem os mecanismos de perequação funcionar unidireccionalmente (v.g. não podem dar uma edificabilidade superior à média apenas com o intuito de exigir o pagamento de compensações, não prevendo qualquer compensação por parte do município aos proprietários dos terrenos que tenham uma edificabilidade inferior à média).

Os mecanismos de perequação, devem, contudo, funcionar também como instrumentos de arrecadação de receitas [alínea b)] e como instrumentos de política dos solos [alíneas c) e d)], desde que o objectivo previsto na alínea a) do artigo 137º do Decreto-Lei n.º 380/99 (redistribuição das mais e das menos valias) esteja cumprido.

Por fim, é também objectivo da perequação a concretização do princípio da neutralidade de interesses do plano, princípio este que pretende tornar os interesses envolvidos no planeamento (em especial, os interesses privados) indiferentes perante as opções do plano, libertando este de todo o tipo de pressões susceptíveis de pôr em causa as escolhas imparciais pelas melhores soluções de ordenamento [cfr. alínea e) do artigo 137º do Decreto-Lei n.º 380/99 e Fernando Alves Correia, *O Plano Urbanístico e o Princípio da Igualdade*, Coimbra, Almedina, 1990, p. 457-469.].

SUBSECÇÃO II
Mecanismos de perequação compensatória

Artigo 138.º
Mecanismos de perequação

1 – Os municípios podem utilizar, designadamente, os seguintes mecanismos de perequação:

a) Estabelecimento de um índice médio de utilização;

b) Estabelecimento de uma área de cedência média;

c) Repartição dos custos de urbanização.

2 – O recurso ao mecanismo previsto na alínea a) tem sempre de ser combinado com a previsão da alínea b).

Anexo A – *Legislação Relativa à Perequação e às Taxas e Cedências*   129

3 – O município pode utilizar conjunta ou coordenadamente mecanismos de perequação.

1. Os instrumentos de perequação que venham a ser criados pelos municípios não têm de se enquadrar nos mecanismos previstos no Decreto-Lei n.º 380/99. Como determina expressamente este artigo, os mecanismos de perequação podem ser outros que não os que se encontram ali previstos, existindo, pois, discricionaridade na criação de mecanismos de perequação. Esta discricionaridade traduz-se na opção pelo instrumento de perequação que se entenda mais adequado à situação em causa, no recurso combinado a mais do que um (que podem ser os previstos neste diploma ou quaisquer outros que venham a ser criados) ou ainda na determinação das formas do seu funcionamento. Apenas se exige que os mecanismos que se venham a criar sejam verdadeiros mecanismos de perequação, isto é, que permitam cumprir os objectivos previstos no artigo 137º.

A referida discricionaridade de criação e configuração dos mecanismos de perequação permite que os municípios criem mecanismos adequados às diferentes circunstâncias e características de cada um, devendo ser preocupação deste que os mecanismos que venham a ser criados sejam claros e facilmente compreensíveis para os respectivos destinatários (proprietários), caso contrário é o êxito do respectivo mecanismo que está em risco.

2. O legislador aponta a título exemplificativo os mecanismos do índice médio de utilização, da cedência média e da repartição dos custos de urbanização.

3. Ao conferir discricionaridade aos municípios no que diz respeito à concepção de mecanismos de perequação, o legislador veio permitir a "legalização" de mecanismos anteriormente previstos em planos municipais, não obstante a ausência de uma lei que permitisse a sua formulação no momento em que aqueles instrumentos foram elaborados. A referida "legalização" só será, no entanto, possível, se o referido mecanismo de perequação "passar o teste" da conformidade com os objectivos referidos no artigo anterior.

Artigo 139.º
Índice médio de utilização

1 – O plano pode fixar um direito abstracto de construir correspondente a uma edificabilidade média que é determinada pela construção admitida para cada propriedade ou conjunto de propriedades, por aplicação dos índices e orientações urbanísticos estabelecidos no plano.

2 – O direito concreto de construir resultará dos actos de licenciamento de operações urbanísticas, os quais deverão ser conformes aos índices e parâmetros urbanísticos estabelecidos no plano.

3 – A edificabilidade média será determinada pelo quociente entre a soma das superfícies brutas de todos os pisos acima e abaixo do solo destinados a edificação, independentemente dos usos existentes e admitidos pelo plano e a totalidade da área ou sector abrangido por aquele.

4 – Para efeitos da determinação do valor da edificabilidade média prevista no número anterior, incluem-se, na soma das superfícies brutas dos pisos, as escadas, caixas de elevadores, alpendres e varandas balançadas e excluem-se os espaços livres de uso público cobertos pelas edificações, zonas de sótãos sem pé-direito regulamentar, terraços descobertos e estacionamentos e serviços técnicos instalados nas caves dos edifícios.

5 – Quando a edificabilidade do terreno for inferior à média, o proprietário deverá, quando pretenda urbanizar, ser compensado de forma adequada.

6 – A compensação referida no número anterior deverá ser prevista em regulamento municipal através das seguintes medidas alternativas ou complementares:

a) Desconto nas taxas que tenha de suportar;
b) Aquisição pelo município, por permuta ou compra, da parte do terreno menos edificável.

7 – Quando a edificabilidade do terreno for superior à média, o proprietário deverá, aquando da emissão do alvará, ceder para o domínio privado do município uma área com a possibilidade construtiva em excesso.

8 – A cedência referida no número anterior será contabilizada como cedência para equipamento já que se destina a compensar o município pela área que, para esse fim, por permuta ou compra, terá de adquirir noutro local.

1. Estamos, neste normativo, perante um mecanismo de perequação de benefícios, que parte da definição de três conceitos distintos: o de edificabilidade – aquilo que o plano permite concretamente para cada zona –, o de direito abstracto de construção – que corresponde a uma edificabilidade média definida pelo plano e que é igual para todos, isto é, que corresponde aquilo a que todos têm direito –, e o de direito concreto de construção – que resulta dos actos de licenciamento e que difere em função da edificabilidade e do direito abstracto previstos no plano.

Segundo este mecanismo, é necessário, aquando o licenciamento, fazer o confronto ou a comparação entre os três conceitos, podendo, dessa comparação, resultar: edificabilidade superior à edificabilidade média; direito concreto de construção inferior à edificabilidade média.

Na primeira hipótese, estamos perante uma situação em que a propriedade tem uma edificabilidade maior do que aquele a que o proprietário tinha direito, pelo que este deverá, aquando da emissão do alvará, anular a desigualdade criada pelas disposições do plano, cedendo para o domínio privado do município uma área com a possibilidade construtiva em excesso, cedência essa que será contabilizada como cedência para equipamento, já que se destina a compensar o município pela área que, para esse efeito, por permuta ou compra, terá de adquirir noutro lugar (n°s 7 e 8 do artigo 139°).

Anexo A – *Legislação Relativa à Perequação e às Taxas e Cedências* 131

Na segunda hipótese, o proprietário, na medida em que obtém menos benefício do que aquele a que tinha direito, deverá, quando pretenda urbanizar, ser compensado de forma adequada, compensação essa que poderá consistir, de acordo com o que for fixado em regulamento municipal, no desconto nas taxas que tenha de suportar ou na aquisição pelo município, por permuta ou compra, da parte do terreno menos edificável (n.ºs 5 e 6 do artigo 139º).

Um aspecto importante que decorre deste normativo é o de que a compensação que o proprietário tenha de fazer ou que tenha de receber só se efectiva quando pretenda urbanizar ou aquando da emissão do alvará, o que demonstra que é apenas na execução das prescrições do plano que a perequação funciona. É necessário, no entanto, tendo em consideração este aspecto, que podem existir situações em que o proprietário não tenha, nos termos do plano, a possibilidade de utilizar o seu solo para fins de edificação ou construção, ou seja, situações em que o seu direito concreto de construção seja igual a zero. Não sendo possível fazer a perequação através deste mecanismo, que apenas está previsto para aquelas situações em que exista um direito concreto de construção, isto é, uma possibilidade de construção que resulte de actos de licenciamento, a perequação terá de ser feita através de outro mecanismo.

2. Tendo em consideração a já referida discricionaridade na criação dos mecanismos de perequação, o cálculo da edificabilidade média poderá ser determinado de uma forma diferente da prevista nos n.ºs 3 e 4 deste normativo.

3. No mecanismo de perequação previsto neste artigo 139º, a compensação dos benefícios é feita através dos órgãos municipais, aquando do licenciamento das operações urbanísticas de iniciativa privada. Diferentemente se passam as coisas no artigo que se segue.

Artigo 140.º
Compra e venda do índice médio de utilização

1 – Em alternativa às medidas de compensação estabelecidas nos n.os 6 e 7 do artigo anterior, o plano poderá ainda optar por permitir que os proprietários que, de acordo com as disposições do mesmo, possam construir acima da edificabilidade média adquiram o excesso a essa potencialidade àqueles que, igualmente nos termos do plano, disponham de um direito concreto de construção inferior à mesma.

2 – As transacções efectuadas ao abrigo desta disposição são obrigatoriamente comunicadas à câmara municipal e estão sujeitas a inscrição no registo predial.

Neste normativo prevê-se um mecanismo de perequação que, partindo do anterior, difere, no entanto, do seu modo de funcionamento. Com efeito, a única diferença entre

132 *Perequação – Taxas e Cedências*

este e o normativo anterior é que enquanto naquele a perequação é feita através da intervenção do município (quem tem uma edificabilidade superior à média, cede ao município parcelas de terreno; quem tem um direito concreto inferior à media, é compensado pelo município), aqui a compensação é feita entre os proprietários, que podem, entre si, comprar e vender potencialidades edificativas. Deste modo, os proprietários que, de acordo com as disposições do plano, possam construir acima da edificabilidade média, podem adquirir o excesso a essa potencialidade àqueles que, igualmente nos termos do plano, disponham de um direito concreto de construção inferior à mesma, devendo as transacções efectuadas ao abrigo desta disposição ser obrigatoriamente comunicadas à câmara municipal e sujeitas a inscrição no registo predial. Obviamente, como decorre deste normativo, a aquisição, por qualquer proprietário, de potencialidades edificatórias só é possível até ao limite máximo que o plano lhe permite construir.

Antevemos, contudo, dificuldades imediatas na aplicação deste normativo se não se promoverem alterações na legislação notarial e registral que permitam concretizar e registar o negócio jurídico de compra e venda da potencialidade edificatória.

Artigo 141.º
Área de cedência média

1 – O plano poderá fixar igualmente uma área de cedência média.

2 – Aquando da emissão do alvará de loteamento deverão ser cedidas ao município:

a) Parcelas de terreno destinadas a infra-estruturas e pequenos espaços públicos que irão servir directamente o conjunto a edificar;
b) Parcelas de terrenos destinadas a zonas verdes urbanas, equipamentos e vias sem construção adjacente, conforme o previsto no plano.

3 – Quando a área de cedência efectiva for superior à cedência média, o proprietário deverá, quando pretenda urbanizar, ser compensado de forma adequada.

4 – A compensação referida no número anterior deverá ser prevista em regulamento municipal através das seguintes medidas alternativas ou complementares:

a) Desconto nas taxas que terá de suportar;
b) Aquisição da área em excesso pelo município, por compra ou permuta.

5 – Quando a área de cedência efectuada for inferior à cedência média, o proprietário terá de compensar o município em numerário ou espécie a fixar em regulamento municipal.

Este normativo estabelece, por sua vez, um mecanismo de perequação perante encargos urbanísticos, prevendo a possibilidade de o plano fixar uma área de cedência

Anexo A – *Legislação Relativa à Perequação e às Taxas e Cedências*   133

média de parcelas de terrenos, parcelas essas que serão posteriormente destinadas a infra-estruturas e pequenos espaços públicos que irão servir directamente o conjunto a erigir (infra-estruturas locais) e a zonas verdes urbanas, equipamentos e vias sem construções adjacentes, conforme o previsto no plano (infra-estruturas gerais).

Este mecanismo pode funcionar não apenas no domínio dos loteamentos urbanos, em relação aos quais se prevê expressamente a possibilidade de exigência de cedências de terrenos para a implantação de espaços verdes e equipamentos de utilização colectiva e infra-estruturas, mas também no domínio do licenciamento de obras, nas situações previstas nos n.ºs 5, 6 e 7 do artigo 57º

Quando a área de cedência efectiva for superior à área de cedência média, o proprietário deverá, quando pretenda urbanizar, ser compensado de forma adequada, a prever em regulamento, através do desconto nas taxas ou da aquisição da área em excesso pelo município, por compra ou permuta. Ao contrário, quando a área de cedência efectiva for inferior à média, o proprietário terá de compensar o município em numerário ou espécie, nos termos que forem fixados em regulamento municipal.

Artigo 142.º
Repartição dos custos de urbanização

1 – A comparticipação nos custos de urbanização poderá ser determinada pelos seguintes critérios, isolada ou conjuntamente:

a) O tipo ou a intensidade de aproveitamento urbanístico determinados pelas disposições dos planos;
b) A superfície do lote ou da parcela.

2 – O pagamento dos custos de urbanização pode realizar-se, por acordo com os proprietários interessados, mediante a cedência ao município, livre de ónus ou encargos, de lotes ou parcelas com capacidade aedificandi de valor equivalente.

3 – São designadamente considerados custos de urbanização os relativos às infra-estruturas gerais e locais.

O último mecanismos referido na Secção II do Capítulo V do Decreto-Lei n.º 380/ /99, é, também, um mecanismo de perequação de encargos e vem na sequência do previsto no artigo 118º, n.º 3 que determina que "A execução dos sistemas gerais de infra-estruturas e equipamentos públicos municipais e intermunicipais determina para os particulares o dever de participar no seu financiamento". Tal deve incluir, não apenas as infraestruturas gerais [que se poderão identificar como as referidas no artigo 141º, n.º 2, alínea b) e as demais redes enterradas águas, esgotos, electricidade, etc.)], mas ainda as infraestruturas locais (que irão servir directamente o conjunto a edificar).

O artigo 142° vem determinar possíveis critérios para a participação de cada proprietário no referido financiamento: comparticiparão nos custos de urbanização de acordo com os critérios do tipo ou intensidade de aproveitamento urbanístico determinados pelas disposições dos planos ou da superfície do lote ou parcela. O respectivo pagamento poderá fazer-se, por acordo com os proprietários interessados, mediante a cedência ao município, livre de ónus ou encargos, de lotes ou parcelas com capacidade aedificandi de valor equivalente.

DECRETO-LEI N.º 555/99, DE 16 DE DEZEMBRO, COM AS ALTERAÇÕES
DO DECRETO-LEI N.º 177/2001, DE 4 DE JUNHO

Regime jurídico da Urbanização e Edificação

Artigo 3.º
Regulamentos municipais

1 – No exercício do seu poder regulamentar próprio, os municípios aprovam regulamentos municipais de urbanização e ou de edificação, bem como regulamentos relativos ao lançamento e liquidação das taxas que, nos termos da lei, sejam devidas pela realização de operações urbanísticas.

2 – Os regulamentos previstos no número anterior devem especificar os montantes das taxas a cobrar no caso de deferimento tácito, não podendo estes valores exceder os previstos para o acto expresso.

3 – Os projectos dos regulamentos referidos no n.º 1 são submetidos a apreciação pública, por prazo não inferior a 30 dias, antes da sua aprovação pelos órgãos municipais.

4 – Os regulamentos referidos no n.º 1 são objecto de publicação na 2.ª série do Diário da República, sem prejuízo das demais formas de publicidade previstas na lei.

Artigo 24º
Indeferimento do pedido de indeferimento

....

2. Quando o pedido de licenciamento tiver por objecto a realização das operações urbanísticas referidas nas alíneas a) e b) do artigo 4º, o indeferimento pode ainda ter lugar com fundamento em:

....

Perequação – Taxas e Cedências

b) A operação urbanística constituir, comprovadamente, uma sobrecarga incomportável para as infra-estruturas ou serviços gerais existentes ou implicar, para o município, a construção ou manutenção de equipamentos, a realização de trabalhos ou a prestação de serviços por este não previstos, designadamente quanto a arruamentos e redes de abastecimento de água, de energia eléctrica ou de saneamento.

....

4. O pedido de licenciamento das obras referidas na alínea c) do n.º 2 do artigo 4º deve ser indeferido na ausência de arruamentos ou de infra-estruturas de abastecimento de água e saneamento ou se a obra projectada constituir, comprovadamente, uma sobrecarga incomportável para as infra-estruturas existentes.

Artigo 25.º
Reapreciação do pedido

1 – Quando exista projecto de decisão de indeferimento com os fundamentos referidos na alínea b) do n.º 2 e no n.º 4 do artigo anterior, pode haver deferimento do pedido desde que o requerente, na audiência prévia, se comprometa a realizar os trabalhos necessários ou a assumir os encargos inerentes à sua execução, bem como os encargos de funcionamento das infra-estruturas por um período mínimo de 10 anos.

2 – O disposto no número anterior é igualmente aplicável quando exista projecto de indeferimento de pedido de licenciamento das operações referidas na alínea e) do n.º 2 do artigo 4.º com fundamento no facto de suscitarem sobrecarga incomportável para as infra-estruturas existentes.

3 – Em caso de deferimento nos termos dos números anteriores, o requerente deve, antes da emissão do alvará, celebrar com a câmara municipal contrato relativo ao cumprimento das obrigações assumidas e prestar caução adequada, beneficiando de redução proporcional das taxas por realização de infra-estruturas urbanísticas, nos termos a fixar em regulamento municipal.

4 – A prestação da caução referida no número anterior, bem como a execução ou manutenção das obras de urbanização que o interessado se compromete a realizar ou a câmara municipal entenda indispensáveis, devem ser mencionadas expressamente como condição do deferimento do pedido.

5 – À prestação da caução referida no n.º 3 aplica-se, com as necessárias adaptações, o disposto no artigo 54.º

Anexo A – *Legislação Relativa à Perequação e às Taxas e Cedências* 137

6 – Os encargos a suportar pelo requerente ao abrigo do contrato referido no n.º 3 devem ser proporcionais à sobrecarga para as infra-estruturas existentes resultante da operação urbanística.

Artigo 31.º
Indeferimento do pedido de autorização

....

2 – Quando o pedido de autorização tiver por objecto a realização das operações urbanísticas referidas nas alíneas a), b), c) ou d) do n.º 3 do artigo 4.º, o indeferimento pode ainda ter lugar com fundamento no disposto na alínea b) do n.º 2 do artigo 24.º

....

6 – O pedido de autorização das operações referidas na alínea f) do n.º 3 do artigo 4.º pode ainda ser objecto de indeferimento quando:

....

b) Constitua, comprovadamente, uma sobrecarga incomportável para as infra-estruturas. existentes.

7 – Quando exista projecto de indeferimento com os fundamentos constantes do n.º 2 e da alínea b) do n.º 6 do presente artigo é aplicável o disposto no artigo 25.º com as necessárias adaptações.

> Como se pode inferir dos artigos 24º, 25º e 31º, a realização de obras de urbanização é também um encargo que o promotor de uma operação urbanística terá, de um modo ou de outro, de cumprir no processo de licenciamento ou de autorização.

Artigo 43.º
Áreas para espaços verdes e de utilização colectiva, infra-estruturas e equipamentos

1 – Os projectos de loteamento devem prever áreas destinadas à implantação de espaços verdes e de utilização colectiva, infra-estruturas viárias e equipamentos.

2 – Os parâmetros para o dimensionamento das áreas referidas no número anterior são os que estiverem definidos em plano municipal de ordenamento do território, de acordo com as directrizes estabelecidas pelo Programa Nacional da

Política de Ordenamento do Território e pelo plano regional de ordenamento do território.

3 – Para aferir se o projecto de loteamento respeita os parâmetros a que alude o número anterior consideram-se quer as parcelas de natureza privada a afectar àqueles fins quer as parcelas a ceder à câmara municipal nos termos do artigo seguinte.

4 – Os espaços verdes e de utilização colectiva, infra-estruturas viárias e equipamentos de natureza privada constituem partes comuns dos lotes resultantes da operação de loteamento e dos edifícios que neles venham a ser construídos e regem-se pelo disposto nos artigos 1420.º a 1438.º-A do Código Civil.

Cfr. ponto 5. do Capítulo III do presente estudo

Artigo 44.º

Cedências

1 – O proprietário e os demais titulares de direitos reais sobre o prédio a lotear cedem gratuitamente ao município as parcelas para implantação de espaços verdes públicos e equipamentos de utilização colectiva e as infra-estruturas que, de acordo com a lei e a licença ou autorização de loteamento, devam integrar o domínio municipal.

2 – Para os efeitos do número anterior, o requerente deve assinalar as áreas de cedência ao município em planta a entregar com o pedido de licenciamento ou autorização.

3 – As parcelas de terreno cedidas ao município integram-se automaticamente no domínio público municipal com a emissão do alvará.

4 – Se o prédio a lotear já estiver servido pelas infra-estruturas a que se refere a alínea h) do artigo 2.º ou não se justificar a localização de qualquer equipamento ou espaço verde públicos no referido prédio, ou ainda nos casos referidos no n.º 4 do artigo anterior, não há lugar a qualquer cedência para esses fins, ficando, no entanto, o proprietário obrigado ao pagamento de uma compensação ao município, em numerário ou em espécie, nos termos definidos em regulamento municipal.

Cfr. ponto 5. do Capítulo III do presente estudo

Anexo A – *Legislação Relativa à Perequação e às Taxas e Cedências*   139

CAPÍTULO V
Taxas inerentes às operações urbanísticas

Artigo 116.º
Taxa pela realização, manutenção
e reforço de infra-estruturas urbanísticas

1 – A emissão dos alvarás de licença e autorização previstos no presente diploma está sujeita ao pagamento das taxas a que se refere a alínea b) do artigo 19.º da Lei n.º 42/98, de 6 de Agosto.

2 – A emissão do alvará de licença ou autorização de loteamento e de obras de urbanização está sujeita ao pagamento da taxa referida na alínea a) do artigo 19.º da Lei n.º 42/98, de 6 de Agosto.

3 – A emissão do alvará de licença ou autorização de obras de construção ou ampliação em área não abrangida por operação de loteamento ou alvará de obras de urbanização está igualmente sujeita ao pagamento da taxa referida no número anterior.

4 – A emissão do alvará de licença parcial a que se refere o n.º 5 do artigo 23.º está também sujeita ao pagamento da taxa referida no n.º 1, não havendo lugar à liquidação da mesma aquando da emissão do alvará definitivo.

5 – Os projectos de regulamento municipal da taxa pela realização, manutenção e reforço de infra-estruturas urbanísticas devem ser acompanhados da fundamentação do cálculo das taxas previstas, tendo em conta, designadamente, os seguintes elementos:

a) Programa plurianual de investimentos municipais na execução, manutenção e reforço das infra-estruturas gerais, que pode ser definido por áreas geográficas diferenciadas;

b) Diferenciação das taxas aplicáveis em função dos usos e tipologias das edificações e, eventualmente, da respectiva localização e correspondentes infra-estruturas locais.

    1. Este normativo, em consonância com o previsto no artigo 3º, identifica as taxas que os promotores imobiliários têm de pagar nos processos urbanísticos: taxa pela emissão de licenças e pela realização de infra-estruturas. No caso da licença parcial prevista no n.º 6 do artigo 23º deste diploma legal, não se trata de uma nova taxa, mas da taxa pela emissão da licença: por isso prevê o n.º 4 deste dispositivo que neste caso não haverá lugar *"...à liquidação da mesma aquando da emissão do alvará definitivo".*

2. O n.º 5 deste normativo introduz novas regras para a taxa pela realização de infra-estruturas urbanísticas. O legislador teve aqui presentes as dificuldades que esta figura enfrentou, designadamente a questão de saber se estamos perante uma verdadeira taxa ou, pelo contrário, uma figura tributária de natureza diferente, tendo pretendido inseri-la, claramente, naquele primeiro grupo de tributos. Passou, por isso, a fazer determinadas exigências que visam esclarecer aspectos que estavam menos claros na legislação anterior.

Assim, e em primeiro lugar, introduz a exigência que vale como garantia dos munícipes, potenciais sujeitos passivos das taxas , da fundamentação do cálculo das taxas previstas, o que significa que é necessário que o município esclareça devidamente o que é que se paga com a taxa pela realização de infra-estruturas urbanísticas e o porquê do montante a pagar. Esta obrigação de fundamentação do cálculo das taxas tem particular importância, visto que, existindo uma prestação privada e uma prestação pública que têm cariz económico, o legislador parece ter entendido que a ideia de proporcionalidade entre aquelas prestações não se pode aferir se não se tomar por base o conhecimento, pelo menos aproximado, dos custos dos bens semi-públicos por meio dos quais se satisfazem as necessidades particulares.

Deste modo, e por forma a poder aferir-se da proporcionalidade entre as prestações em causa na taxa, veio o legislador exigir um prévia definição do referente económico-jurídico do montante das taxas, através do dever de fundamentação do seu cálculo. E tal fundamentação terá de ter em conta, entre outros aspectos, o programa plurianual de investimentos municipais na execução, manutenção e reforço das infra-estruturas gerais [alínea a) do n.º 5 do artigo 116º do Decreto-Lei n.º 555/99]. Isto significa que a lei passou a impor a demonstração da existência dos custos programados como necessários a um reforço das infra-estruturas. Passa, assim, a taxa pela realização de infra-estruturas urbanísticas a só poder ser exigida pela criação, manutenção e reforço de infra-estruturas cujos correspondentes custos já estejam programados e assumidos a curto prazo.

De tudo o que vem de ser exposto podemos concluir que, actualmente, a taxa pela realização de infra-estruturas urbanísticas apenas pode ser cobrada relativamente àquelas operações que, devido à sua natureza, impliquem um acréscimo com os encargos públicos de realização, manutenção e reforço das infra-estruturas, devendo ter por base o investimento municipal na realização destas. Tal taxa variará proporcionalmente ao investimento municipal que a operação urbanística em causa tenha implicado ou venha a implicar. O critério da fixação do respectivo montante deve ser o do custo das infra-estruturas a realizar. Para além disso, a formula de cálculo da taxa pode ainda assentar em vários coeficientes, de entre os quais destacamos, porque expressamente referidos na lei (podendo, no entanto, ser outros como decorre da utilização do termo designadamente no n.º 5 deste artigo): os que traduzam a influência dos usos e tipologias das edificações; os que expressem a influência da localização das edificações; e ainda os que tenham em consideração as infra-estruturas locais existentes, tendo em conta o programa plurianual de investimentos municipais.

Anexo A – *Legislação Relativa à Perequação e às Taxas e Cedências* 141

Artigo 117.º
Liquidação das taxas

1 – O presidente da câmara municipal, com o deferimento do pedido de licenciamento ou de autorização, procede à liquidação das taxas, em conformidade com o regulamento aprovado pela assembleia municipal.

2 – O pagamento das taxas referidas nos n.os 2 a 4 do artigo anterior pode, por deliberação da câmara municipal, com faculdade de delegação no presidente e de subdelegação deste nos vereadores ou nos dirigentes dos serviços municipais, ser fraccionado até ao termo do prazo de execução fixado no alvará, desde que seja prestada caução nos termos do artigo 54.º

3 – Da liquidação das taxas cabe reclamação graciosa ou impugnação judicial, nos termos e com os efeitos previstos no Código de Processo Tributário.

4 – A exigência, pela câmara municipal ou por qualquer dos seus membros, de mais-valias não previstas na lei ou de quaisquer contrapartidas, compensações ou donativos confere ao titular da licença ou autorização para a realização de operação urbanística, quando dê cumprimento àquelas exigências, o direito a reaver as quantias indevidamente pagas ou, nos casos em que as contrapartidas, compensações ou donativos sejam realizados em espécie, o direito à respectiva devolução e à indemnização a que houver lugar.

5 – Nos casos de autoliquidação previstos no presente diploma, as câmaras municipais devem obrigatoriamente disponibilizar os regulamentos e demais elementos necessários à sua efectivação, podendo os requerentes usar do expediente previsto no n.º 3 do artigo 113.º

Lei n.º 42/98, de 6 de Agosto
Lei das Finanças Locais

Artigo 16.º
Receitas dos municípios

Constituem, ainda, receitas dos municípios:

....

c) O produto da cobrança de taxas por licenças concedidas pelo município;
d) O produto da cobrança de taxas, tarifas e preços resultantes da prestação de serviços pelo município;

....

g) O produto da cobrança de encargos de mais-valias destinados por lei ao município;

Artigo 19.º
Taxas dos municípios

Os municípios podem cobrar taxas por:

a) Realização, manutenção e reforço de infra-estruturas urbanísticas;
b) Concessão de licenças de loteamento, de licenças de obras de urbanização, de execução de obras particulares, de ocupação da via pública por motivo de obras e de utilização de edifícios, bem como de obras para ocupação ou utilização do solo, subsolo e espaço aéreo do domínio público municipal;

....

Anexo B

CASO DE ÉVORA

1. Plano de Urbanização de Évora.

2. Regulamento Municipal para a justa repartição de benefícios e encargos associados à construção.

3. Proposta de constituição da unidade de execução "eixos estruturantes da zona industrial dos leões"

NOTA INTRODUTÓRIA

Évora tem uma experiência muito rica e inovadora no âmbito do planeamento urbanístico e da política fundiária.

Tendo elaborado o seu Plano Director Municipal no final dos anos 70, ainda antes dessa figura legal se encontrar regulamentada, e tendo desenvolvido uma política de solos bastante eficaz, conseguiu, através dela, que o seu crescimento tenha ocorrido de forma ordenada, em conformidade com as orientações do Plano. Tal política traduziu-se, sobretudo, numa grande iniciativa municipal de produção e oferta de solo urbanizado (lotes para 2500 fogos entre 1978 e 1984) e no combate directo (e eficaz) a novos loteamentos ilegais, até aí determinantes no crescimento que vinha a ocorrer na cidade.

Os anos 90 correspondem a um período de continuidade, mas com quebra de dinâmica, abrandando a aquisição de solo e, progressivamente, tendo sido esgotado o "stock" de terrenos municipais.

No final dos anos 90, desenhou-se uma nova estratégia fundiária, que visava um relançamento da intervenção municipal, já não assente na urbanização pública directa, mas sobretudo em processos de parceria entre proprietários, município e, eventualmente, promotores.

A apresentação, neste trabalho, dessa estratégia e dos correspondentes mecanismos tem a maior pertinência, exactamente porque integra um processo perequativo (que, em grande parte, veio a ser adoptado pelo Decreto-Lei n.º 380/99) e também porque identificou "áreas estratégicas e prioritárias", para as quais preconiza intervenções similares às que agora poderão ser desenvolvidas no âmbito das "unidades de execução".

Apresenta-se, então, informação sobre três documentos complementares:

– PLANO DE URBANIZAÇÃO DE ÉVORA.

– REGULAMENTO MUNICIPAL PARA A JUSTA REPARTIÇÃO DE BENEFÍCIOS E ENCARGOS ASSOCIADOS À CONSTRUÇÃO.

– PROPOSTA DE CONSTITUIÇÃO DA UNIDADE DE EXECUÇÃO "EIXOS ESTRUTURANTES DA ZONA INDUSTRIAL DOS LEÕES"

De referir que alterações políticas recentes no município de Évora, e passos entretanto dados pela nova gestão, fazem pensar que a estratégia delineada, em fase de lançamento, poderá vir a ser abandonada. Há que esperar para ver, mas seria pena que tal viesse a acontecer.

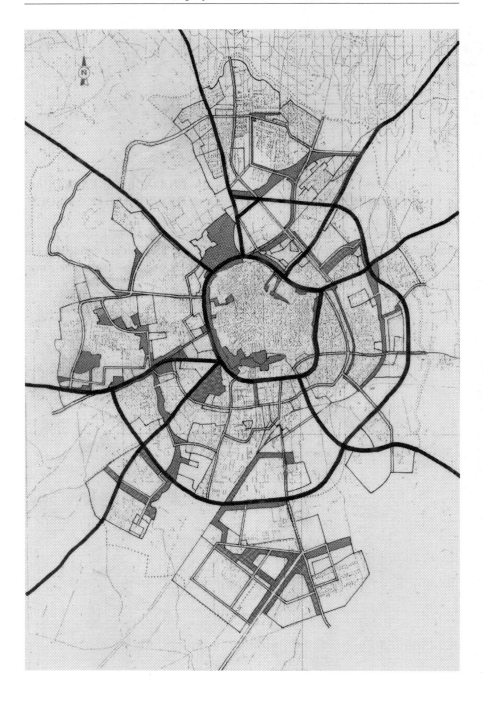

1. PLANO DE URBANIZAÇÃO DE ÉVORA

O plano assume, como um dos seus objectivos, a animação da acção urbanística municipal, através do relançamento da política de solos.

Refere[95] que o Município não deverá pretender voltar a ser, como no passado recente, quantitativamente dominante na produção de solo urbanizado, devendo antes ter um papel qualitativo e supletivo, visando os seguintes objectivos:

- "a orientação do crescimento, induzindo localizações e características das urbanizações, por forma a globalizar e estruturar a Cidade;
- o funcionamento regular do mercado, procurando contrariar estrangulamentos conjunturais e a crescente valorização fundiária;
- o tratamento equitativo das várias propriedades inseridas no perímetro urbano;
- o apoio à construção de habitação a custos controlados;
- a dinamização das actividades produtivas, facilitando a sua instalação".

Para a prossecução dos objectivos apontados, preconiza (art. 116º do Regulamento):

- "a constituição e manutenção, na posse da Câmara, de uma bolsa de terrenos que lhe permita as referidas acções supletiva e de apoio à habitação a custos controlados, e o processo de permuta/ /perequação entre as diversas propriedades;
- a dinamização das iniciativas urbanísticas e de construção do sector privado e cooperativo, orientando-as para as áreas de intervenção prioritária, que deverão ir sendo definidas ao longo do tempo;
- a adopção de mecanismos tendentes à efectiva construção nos terrenos destinados a esse fim, que estejam infraestruturados e não construídos".

Vale a pena conhecer em pormenor as suas propostas com vista à equidade entre os vários proprietários, à constituição inicial de uma bolsa de terrenos municipais e à dinamização e orientação das iniciativas urbanísticas dos privados.

---

[95] Câmara Municipal de Évora – *PUE*/Relatório, 2000, pp. 87-92

150 *Perequação – Taxas e Cedências*

De notar que tais propostas coincidem, em grande parte, com as recentes inovações do DL 380/99, em matéria de equidade e de *unidades de execução*.

Procurando obedecer ao princípio de igualdade[96], começou por "atender à divisão cadastral na Planta de Zonamento, com vista a repartir de uma forma equilibrada as áreas com possibilidade construtiva (habitacionais, terciárias ou industriais) e as destinadas a integrar o domínio público (verde urbano, equipamentos). Mas o encontrar de soluções urbanísticas harmoniosas e funcionais nem sempre se mostrou compatível com esse objectivo". Utilizou então, para o efeito, o Regulamento (artigos 112° a 114°, que foram reproduzidos nos artigos 6° a 8° do *Regulamento Municipal para a Justa Repartição de Benefícios e Encargos associados à Construção* – ver à frente).

Em resumo, adoptou as seguintes **regras perequativas**:

– É fixado um aproveitamento médio, igual para toda a Cidade (no qual são incluídas zonas residenciais, terciárias, industriais, de equipamentos e verdes urbanos, mas não são incluídas zonas agrícolas, florestais ou ambientais). Tal aproveitamento médio corresponde ao *direito abstracto de construir* e é de 0,35 m^2 de área bruta de construção por m^2 de propriedade situada na Cidade.
Esse valor de 0,35 foi calculado com bastante rigor, resultando do quociente entre toda a área bruta de construção existente e admitida pelo Plano (não incluindo equipamentos) e a área abrangida pelo perímetro urbano.
– É fixada uma *edificabilidade* para cada parte da cidade, através de índices de utilização associados ao zonamento.
– Sendo a *edificabilidade* de uma propriedade superior ao seu *direito abstracto de construir*, o proprietário será obrigado, quando pretender urbanizar, a ceder para domínio privado municipal uma parcela com a *edificabilidade* em excesso (técnica da cedência em espécie).
– Acontecendo o contrário, o proprietário, quando urbanizar, será compensado pelo Município, através de desconto nas taxas e, se tal não for suficiente, por venda de parcela *non aedificandi*.
– É fixado, também, uma cedência média para infraestruturas gerais (as cedências para infraestruturas locais não são consideradas), com o valor de 0,9 m^2 de área de cedência por m^2 de área bruta de construção autorizada. Este valor resulta, também, de um cálculo rigoroso, baseado nas propostas do Plano. Ocorrendo cedências a mais ou a menos, verificar-se-á a correspondente compensação.

---

[96] Câmara Municipal de Évora – *PUE*/Relatório, 2000, pp. 68-73.

Anexo B – *Caso de Évora*

Como se pode verificar, tais regras são quase iguais às dos artigos 139° e 141° do D.L 380/99, que nelas se terão inspirado.

Este processo perequativo, para ser financeiramente viável para o Município, implica que este tome a iniciativa, promovendo a urbanização de áreas com edificabilidade superior à média, para assim constituir uma **bolsa inicial de terrenos** que lhe permitirá um sucessivo processo de permutas e/ou equilíbrios financeiros. O Plano aponta o caminho neste sentido, considerando que o Município deverá procurar adquirir as faixas marginais às vias principais da maior zona de expansão urbana prevista.

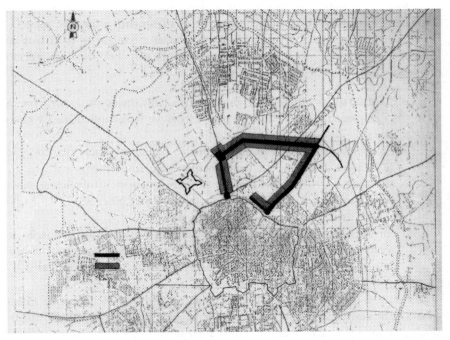

Évora, Constituição inicial de bolsa de terrenos (proposta pelo Plano de Urbanização) [97]

De sublinhar, nesta proposta[98]:

- "a concepção da estrutura viária não apenas para escoamento do tráfego, mas também como elemento estruturante de todo o tecido urbano;

---

[97] Câmara Municipal de Évora – *PUE*/Relatório, 2000, p. 89.
[98] Ibidem

152 *Perequação – Taxas e Cedências*

- a sugestão, daí decorrente, de que o Município concentre os seus esforços na urbanização de eixos (e não de zonas), o que permitirá:

  - equilibrar o investimento municipal em vias com o aproveitamento das correspondentes mais valias fundiárias, gerando equilíbrios temporais e financeiros entre as duas operações;
  - orientar a iniciativa privada para urbanizações no interior do perímetro delimitado por estes eixos, área coincidente com a expansão desejável para os próximos 10 anos".

Para além desta área, para a qual se prevê que a iniciativa seja municipal, apontam-se **outras unidades operativas de planeamento e gestão**, relativamente às quais a Câmara deverá procurar dinamizar e orientar os processos de transformação urbana, procedendo da seguinte forma (art. 118º do Regulamento do Plano):

  - "Contactará os proprietários dos terrenos, convidando-os a promoverem os empreendimentos previstos para o local, de forma individual ou associada.
  - Colaborará, se necessário, na elaboração de um programa de ocupação detalhado e dos correspondentes instrumentos urbanísticos.
  - Substituir-se-á aos proprietários, caso estes não demonstrem interesse ou dinamismo suficiente, recorrendo a um qualquer processo de aquisição e/ou de associação Câmara/proprietários.
  - Uma vez na posse do terreno, se for o caso, procederá à sua ocupação de acordo com o programa elaborado, de forma directa ou indirecta, através da sua venda em hasta pública ou acordo directo com cooperativas".

Sobre o processo jurídico a utilizar para o efeito, o Relatório do Plano aponta para utilização das ADUP's complementada por regulamentação municipal, alertando para a hipótese de virem a ser criados, entretanto, novos mecanismos jurídicos de urbanismo operacional. Tais mecanismos já estão criados, correspondem às *unidades de execução* e consequentes *sistemas de execução* previstos no DL 380/99 (artigos 119º, 120º, 122º, 124º e 129º).

2. REGULAMENTO MUNICIPAL PARA A JUSTA REPARTIÇÃO DE BENEFÍCIOS E ENCARGOS ASSOCIADOS À CONSTRUÇÃO NO CONCELHO DE ÉVORA (RBEC)

Preâmbulo

Na prática do urbanismo tem ocorrido, em Portugal, uma forte desigualdade na repartição de benefícios e de encargos associados à construção.

Para cumprimento dos planos e das leis urbanísticas permite-se urbanização ou construção densa numa determinada propriedade, pouco densa numa outra, e nenhuma numa terceira que seja destinada por exemplo a um jardim.

Deste modo, através do licenciamento municipal, efectuado de acordo com leis e planos pensados para o maior benefício público, mas não para prejudicar ou beneficiar especialmente ninguém, os três casos referidos gozariam de valorizações completamente distintas, embora pudessem ser vizinhas e de idêntica dimensão.

Tudo isto resultava de opções racionais de ordenamento do território, mas a verdade é que tal racionalidade não era suficiente para justificar o tratamento flagrantemente desigual das referidas três propriedades.

Também quanto aos encargos têm ocorrido situações bastante desiguais. Um determinado proprietário terá, aquando loteamento, que realizar obras e cedências significativas. Outro, embora loteando, poderá limitar-se a aproveitar infra-estruturas realizadas por outrém. E um terceiro poderá conseguir licenciar um edifício de grande dimensão, fugindo aos encargos e demoras de um loteamento.

De salientar que tudo isto ocorre num país cuja Constituição Política dá enorme relevo ao princípio da igualdade.

Foi por isso que, um pouco por toda a parte – e noutros países muito mais cedo do que no nosso – se começou a procurar uma qualquer forma ou fórmula que permitisse acabar com a apontada desigualdade ou, pelo menos, atenuá-la de maneira drástica ou significativa.

154   *Perequação – Taxas e Cedências*

Uma das soluções encontradas, a que se tem chamado "perequação dos encargos e benefícios", é aquela que procuramos materializar no presente Regulamento.

No Município de Évora a perequação dos encargos já era no essencial praticada, através da aplicação da Tabela de Taxas Municipais. A autonomia municipal e a legislação em vigor permitiram, apesar desta última ser bastante incongruente, que se tenha regulamentado nesse sentido.

Mas a procura de equidade nos benefícios, que neste Regulamento se preconiza para a Cidade – local onde a questão se coloca com maior premência e exiquibilidade – só agora foi possível e não antes, porque a publicação recente da "Lei de Bases do Ordenamento do Território" (L.B.O.T.), através do seu artigo 18º, o permitiu.

É importante ter presente e perceber que o facto de este Regulamento ser o primeiro que sobre tal matéria é elaborado em Portugal suscita-nos responsabilidades, que nos incitam a estabelecer um sistema de monitorização e de controlo da sua execução que permita obviar a todas as dificuldades e dúvidas que forem surgindo.

O Regulamento, aplicável ao Município de Évora, insere-se, pois, num esforço inovador, de procura de mecanismos de justa repartição de benefícios (autorizações administrativas para lotear ou construir) e de encargos (custos das infra-estruturas e equipamentos públicos), aspectos fundamentais numa perspectiva de ordenamento do território.

A prossecução do princípio constitucional da igualdade, para ser efectiva, obriga a que a questão seja encarada nas duas ópticas, a dos benefícios e a dos encargos.

O Capítulo II trata precisamente da equidade dos benefícios, reproduzindo e completando o normativo do novo Plano de Urbanização de Évora (PUE) e sendo aplicável apenas à Cidade.

Tal equidade de benefícios traduz-se no reconhecimento de um mesmo "direito abstracto de construir", determinado através de um "índice de utilização média", aplicado a todas as propriedades incluídas no perímetro urbano.

Mas o Plano, com o seu zonamento e índices urbanísticos, atribui, inevitavelmente, diversas "potencialidades edificatórias" às diferentes propriedades.

Assim, aquando o licenciamento, o qual estabelece o "direito concreto de construir", são adoptados mecanismos de compatibilização entre "direito abstracto" e "potencialidade edificatória", traduzidos em cedência de terreno e/ou compensação monetária.

Os conceitos e normativa expressos neste Capítulo entroncam-se nas orientações estabelecidas pelo art. 18°, n.° 1 da L.B.O.T. (Lei 48/98, de 11 de Agosto). De realçar que, inclusivamente, as suas linhas gerais, já propostas no P.U.E., foram adoptadas no texto do Decreto-lei n.° 380/99, de 22 de Setembro, que irá entrar em vigor 60 dias após a sua publicação.

Vale a pena notar que esta procura de equidade, referenciada a um "índice médio", só é possível para o interior dos perímetros urbanos. Se aplicada a todo o território, traduzir-se-ia num valor muito próximo de zero, pelo que, no limite, só faria sentido se toda a urbanização e quase toda a construção fossem assumidas como direitos exclusivamente públicos.

Os encargos dos promotores, tratados igualmente numa óptica de procura de igualdade, referenciam-se aos seguintes encargos médios de um loteamento:

- o das cedências de parcelas de terreno destinadas a infra-estruturas e pequenos espaços públicos que irão servir directamente o conjunto a edificar.
- o de obras de urbanização correspondentes, que se estima orçarem os 8%.C, sendo **C** o valor por m^2 do preço de construção a que se refere o n.° 1 do art. 7° do DL n.° 13/86, de 23 de Janeiro, multiplicado por 0,85 (factor de redução de área útil a área bruta de construção).
- o de uma "cedência média" de parcelas de terreno destinadas a vias sem construção adjacente, equipamentos e zonas verdes urbanas de dimensão significativa; tal "cedência média" foi calculada pelo P.U.E, para a Cidade, em $0,9m^2/m^2$ de área bruta de construção e foi estimada para os Bairros da Zona de Transição e Povoações Rurais como sendo metade.

Os mecanismos de igualdade aqui adoptados partem do princípio de que a generalidade dos promotores deverão assumir encargos correspondentes a esses valores e apenas esses. Assim, o custo das infra-estruturas gerais, que cálculos relativos ao P.U.E. permitem orçar em cerca de 10.000$00/$m^2$ de área bruta de construção, terão que ser suportados pelo Município. Seria legítimo pensar em taxas que cobrissem este valor; mas trata-se de uma decisão política e financeira de incentivo à urbanização.

Assim, ao serem adoptadas fórmulas para o cálculo das taxas em que se prevê sejam abatidos os encargos dos promotores com as obras de urbanização, sublinha-se o conceito de taxa associada a vantagem concedida e, aplicando taxas diferentes para vantagens diferentes, utiliza-se a própria taxa como mecanismo perequativo.

156 *Perequação – Taxas e Cedências*

Considera-se aqui que as taxas pela licenças de loteamento e de construção funcionam como contrapartida pela:

a) prestação de um serviço pelo município – o correspondente à apreciação e processamento técnico/administrativo dos pedidos;
b) remoção do limite legal à liberdade de edificação e à divisão fundiária do solo, com as consequentes vantagens concedidas.

A taxa pela realização de infra-estruturas urbanísticas tem sido considerada como contrapartida aos investimentos municipais na construção de infra-estruturas, equipamentos e espaços verdes[99].

Ao agregar as duas taxas entre si (nomeadamente a parcela b) da taxa pela licença com a taxa pelas infra-estruturas) e ao fazer depender o seu valor dos encargos do promotor com obras de urbanização, atinge-se a igualdade pretendida.

No que respeita às cedências, são estabelecidas compensações de sinal positivo ou negativo, conforme a cedência efectiva for menor ou maior do que a cedência média estabelecida. Assim se repõe, também, a igualdade.

Nas taxas relativas ao licenciamento de construção, quando ocorra em lote decorrente de alvará de loteamento e em conformidade com o mesmo, considera-se que apenas é devido valor relativo ao procedimento tecnico-administrativo. No caso contrário, são fixados valores idênticos aos encargos que ocorreriam num loteamento, com obras de urbanização, cedências e taxas. Também entre loteamento e construção não precedida de loteamento se repõe, portanto, a igualdade.

Para além dos loteamentos e construções são ainda fixadas taxas para "outras obras", nomeadamente de alteração de paisagem, piscinas, muros de vedação e postos de abastecimento de combustíveis. Um destaque para esta última, que se justifica de valor elevado, pelo impacto dos veículos nos custos das infra-estruturas e, sobretudo, pela vantagem concedida.

---

[99] Jorge Carvalho e Fernanda Paula Oliveira, "Breve Reflexão sobre Taxas Urbanísticas em Portugal", 1999, p.34.

Anexo B – *Caso de Évora*

São previstas, relativamente às taxas estabelecidas, situações de forte redução, apenas sendo cobrados valores correspondentes ao procedimento tecnico-administrativo, concretamente:

- nas povoações rurais, por nelas se pretender evitar a quebra demográfica e incentivar iniciativas;
- em loteamentos e edifícios em que pelos menos 50% da área bruta de construção se destine a habitação a custos controlados;
- em edifícios destinados a equipamentos sociais;
- em obras que se destinem a dotar um edifício de condições mínimas de habitabilidade.

São previstas, ainda, reduções de 50% na construção de habitação própria , até 120 m^2, de famílias que ainda não tenham sido subsidiadas nesse sentido.

E é prevista a possibilidade, por deliberação específica da Assembleia Municipal, da isenção ou redução de taxas correspondentes a outros empreendimentos, aos quais seja reconhecido especial interesse público.

Assim, nos termos dos artigos 13° e 23° da Constituição da República Portuguesa, do artigo 18° da LBOT (Lei 8/89 de 11 de Agosto), do artigo 39°, n.° 2, alínea a) e b) e do artigo 51°, n.° 3, alínea a), ambos do DL 100/84, de 29 de Março, do artigo 19°, alínea a) e b) da Lei das Finanças Locais, Lei n.° 42/98, de 6 de Agosto, dos artigos 16° e 32ª do DL 448/91, de 29 Novembro, com a redacção do DL 334/95, de 28 Dezembro, e do artigo 68° do DL 445/91, de 20 de Novembro, alterado pelo DL 250/94, de 15 de Outubro, a Câmara Municipal aprovou e, após realização de inquérito público, submete à aprovação da Assembleia Municipal o seguinte Regulamento Municipal para a Justa Repartição de Benefícios e Encargos Associados à Construção da Cidade.

CAPÍTULO I – **DISPOSIÇÕES INTRODUTÓRIAS**

ARTIGO 1º – Objecto
ARTIGO 2º – Âmbito
ARTIGO 3º – Definições e Abreviaturas
ARTIGO 4º – Disposições Gerais
ARTIGO 5º – Princípios

CAPÍTULO II – **PARA A EQUIDADE DOS BENEFÍCIOS NA CIDADE**

ARTIGO 6º – Parâmetros Urbanísticos Médios
ARTIGO 7º – Direito Abstracto de Construir
ARTIGO 8º – Direito Concreto de Construir
ARTIGO 9º – Valor do Direito Abstracto de Construir

CAPÍTULO III – **SOBRE A PARTICIPAÇÃO DOS PROMOTORES NOS ENCARGOS** .

SECÇÃO 1 – **LOTEAMENTOS**

ARTIGO 10º – Encargos dos Promotores
ARTIGO 11º – Obras de Urbanização
ARTIGO 12º – Cedência de Terreno
ARTIGO 13º – Taxa Pela Licença de Loteamento e Realização de Infra-estruturas Urbanísticas
ARTIGO 14º – Taxa Pela Alteração de Loteamento
ARTIGO 15º – Outras Taxas Associadas a Loteamentos

SECÇÃO 2 – **EDIFÍCIOS**

ARTIGO 16º – Encargos dos Promotores

Anexo B – *Caso de Évora*   159

ARTIGO 17º – Taxa Pela Licença de Obra Nova (ou Ampliação) e Realização de Infra-estruturas Urbanísticas
ARTIGO 18º – Taxa Pela Licença de Obra de Alteração
ARTIGO 19º – Taxa Pela Licença de Legalização
ARTIGO 20º – Taxa Pela Licença de Utilização
ARTIGO 21º – Taxa Pela Licença de Alteração de Uso
ARTIGO 22º – Outras Taxas Associadas a Edifícios

SECÇÃO 3 – **OUTRAS OBRAS**

ARTIGO 23º – Taxas Pelas Licenças de Alterações de Paisagem
ARTIGO 24º – Taxa Pela Licença de Construção de Posto de Abastecimento de Combustíveis
ARTIGO 25º – Taxa Pela Licença de Construção de Piscina
ARTIGO 26º – Taxa Pela Licença de Construção ou Alteração de Muro de Vedação

SECÇÃO 4 – **REDUÇÕES, ISENÇÕES E REGIME DE PAGAMENTO**

ARTIGO 27º – Isenção de Taxas Relativas a Loteamentos
ARTIGO 28º – Isenção e Redução de Taxas Relativas a Edifícios
ARTIGO 29º – Outras Isenções e Reduções
ARTIGO 30º – Regime de Pagamento

CAPÍTULO IV – **DISPOSIÇÕES FINAIS**

ARTIGO 31º – Revogações
ARTIGO 32º – Entrada em Vigor
ARTIGO 33º – Regime Transitório

CAPÍTULO I
DISPOSIÇÕES INTRODUTÓRIAS

Artigo 1º
Objecto

Este Regulamento estabelece princípios para a justa repartição de benefícios e encargos associados à construção, nomeadamente fixando regras e valores para:

- a compensação de desiguais possibilidades construtivas na Cidade de Évora;
- as taxas e cedências relativas a loteamentos, edifícios e outras obras.

Artigo 2º
Âmbito

Este Regulamento é aplicável em todo o território abrangido pelo Município de Évora.

Artigo 3º
Definições e Abreviaturas

Para efeitos de aplicação deste Regulamento são aplicáveis as definições e abreviaturas seguintes:

1. O território abrangido pelo Município de Évora é subdividido em:

a) **Cidade de Évora** ou **Cidade:** corresponde a um espaço urbano/ urbanizável/ industrial, delimitado pelo perímetro urbano, tal como é definido no P.U.E.
A Cidade é subdividida em **Centro Histórico**, **1ª Coroa** e **2ª Coroa**, cujos limites são assinalados em planta anexa a este Regulamento.

b) **Zona de Transição** ou **Z.T.:** corresponde à Freguesia dos Canaviais e às partes, não inseridas na Cidade, das Freguesias do Bacelo, Malagueira, Horta

Anexo B – *Caso de Évora* 161

das Figueiras e Sr.ª da Saúde, com excepção da área desta última situada a nascente do rio Degebe.

A Zona de Transição é subdividida em:

- **Bairros da Z.T.**: espaços urbanos delimitados como tal no PDM ou em Plano de Pormenor.
- **Área Restante da Z.T.**: toda a área da Z.T. não incluída nos Bairros.

c) **Freguesias Rurais** ou **F.R.**: correspondem a toda a área do Município de Évora não incluída na Cidade nem na Zona de Transição.

As Freguesias Rurais são subdivididas em:

- **Povoações Rurais:** espaços urbanos delimitados como tal no PDM.
- **Área Restante das F.R.**: toda a área das F.R. não incluída nas Povoações Rurais.

2. Planos Municipais de Ordenamento do Território:

a) **P.U.E.:** Plano de Urbanização de Évora.
b) **PDM:** Plano Director Municipal.

3. Relativamente ao direito de construir na Cidade:

a) **Direito Abstracto de Construir**: estabelecido pelo P.U.E., corresponde a uma potencialidade edificatória média.
b) **Potencialidade Edificatória,** ou **Edificabilidade**: construção admitida para cada propriedade ou conjunto de propriedades, por aplicação dos índices e orientações urbanísticas estabelecidos no P.U.E.
c) **Direito Concreto de Construir**: resultante dos actos de licenciamento, de loteamento ou construção, os quais deverão ser conforme orientações do P.U.E. relativamente ao direito abstracto de construir e à potencialidade edificatória.

4. Para a determinação da área bruta de construção, aqui designada por STP:

a) **Superfície Total de Pavimento,** também designada **STP**: soma das superfícies brutas de todos os pisos, acima e abaixo do solo, incluindo escadas, caixas de elevadores, alpendres e varandas balançadas, excluindo espaços livres de uso público coberto pela edificação, zonas de sótão sem pé-direito regulamentar, terraços descobertos, e estacionamento e serviços técnicos instalados nas caves dos edifícios.

b) **Cave:** espaço enterrado ou semi-enterrado coberto por laje, em que as diferenças entre a cota do plano inferior dessa laje e as cotas do espaço público mais próximo sejam, em média, iguais ou inferiores a 60 cm e inferiores a 120 cm em todos os pontos das fachadas confinantes com o espaço público.

5. Relativamente ao tipo de obras:

a) **Construção nova:** obra realizada em terreno livre correspondendo a, pelo menos, uma unidade funcional autónoma.
b) **Alteração:** modificação de edifício existente sem aumento da STP nem alteração do volume.
c) **Ampliação:** modificação de edifício existente, com aumento da STP ou do volume.

6. Relativamente à utilização dos edifícios:

a) **Utilização** ou **uso:** funções ou actividades especificas e autónomas que se desenvolvem num edifício.
b) **Unidade Funcional:** cada um dos espaços autónomos de um edifício associado a uma determinada utilização.
c) **Uso Terciário:** os serviços, os escritórios, a administração pública, o comércio retalhista, a hotelaria e os similares de hotelaria.
d) **Uso Industrial,** inclui armazéns.

7. Valor da Construção, ou **C:** preço da habitação, por m2 da área bruta de construção, que será 0,85 do valor que anualmente é estabelecido para Évora, por Portaria do Ministério do Equipamento, Planeamento e Administração do Território, a que se refere o n.º 1 do art. 7º do DL n.º 13/86, de 23 de Janeiro, este relativo à "área útil".

Artigo 4º
Disposições Gerais

1. Os valores fixados por este Regulamento sofrerão um arredondamento para a dezena de escudos, por excesso ou defeito, conforme a parcela a arredondar seja igual ou superior, ou seja inferior a 5$00.

Anexo B – *Caso de Évora* 163

2. Os valores fixados por este Regulamento poderão ser objecto de reduções ou isenções nos termos do Capítulo III.

3. Os valores fixados por este Regulamento sofrerão actualizações:

a) decorrentes da actualização de **C**, por Portaria do Governo;
b) por deliberação da Assembleia Municipal, a ocorrer anualmente, em princípio não inferior à inflação.

Artigo 5º
Princípios

1. A administração urbanística municipal deverá prosseguir os princípios de justiça e igualdade estabelecidos nos artigos 13º e 23º da Constituição e art. 18º da Lei de Bases do Ordenamento do Território (Lei n.º 8/98, de 11 de Agosto).

2. No que respeita aos benefícios, tais princípios traduzir-se-ão em atribuir aos proprietários dos terrenos situados na Cidade direitos de igual valor, correspondentes ao "índice de utilização média", sem prejuízo do estabelecimento de mecanismos de perequação que permitam compatibilizar aqueles direitos com as diferentes potencialidades construtivas efectivamente reconhecidas a cada propriedade.

3. No que respeita aos encargos dos promotores, tal princípio traduzir-se-á em:

a) taxas proporcionais à STP licenciada, de cujo valor será abatido o custo das obras de urbanização a cargo dos promotores;
b) "cedência média" de terreno para domínio público, ou adopção de mecanismos de compensação adequados.

CAPÍTULO II
PARA A EQUIDADE DOS BENEFÍCIOS NA CIDADE

Artigo 6º
Parâmetros Urbanísticos Médios

1. O "índice de utilização médio", também designado "índice médio", relativo à totalidade da Cidade, é igual a 0,35 (este valor é determinado através do quociente entre a totalidade de STP destinada a habitação, terciário e indústria, existente e admitida pelo Plano de Urbanização de Évora, e a totalidade da área da Cidade).

2. A "área de cedência média" também designada de "cedência média", relativa à totalidade da Cidade, é igual a 0,9m2/m2 de STP (este valor é determinado através do quociente entre a totalidade das áreas destinadas a zonas verdes, equipamentos e vias sem construção adjacente, pela totalidade de STP, existente e admitida, destinada a habitação, terciário e indústria).

Artigo 7º
Direito Abstracto de Construir

1. O direito abstracto de construir de cada propriedade é calculado através da aplicação do "índice médio" (0,35) à parte da propriedade incluída na Cidade.

2. Quando a edificabilidade de uma propriedade for inferior ou superior ao respectivo direito abstracto de construir, proceder-se-á conforme números 3 e 4 do artigo seguinte.

Artigo 8º
Direito Concreto de Construir

1. A STP que, através de licenciamento de loteamento ou construção, for autorizada para cada propriedade ou conjunto de propriedades deverá:

a) Respeitar as orientações e índices urbanísticos estabelecidos no P.U.E.

b) Aproximar-se, tanto quanto possível, do direito abstracto de construir.

2. Este direito abstracto de construir poderá ser ultrapassado nas seguintes condições: [100]

a) *Em obras de reconstrução (após demolição) e de ampliação, desde que conforme PUE e desde que o aumento da STP não seja superior a 300 m2.*
b) *Quando a propriedade esteja parcialmente edificada e disponha (pelo PUE) de uma edificabilidade superior, caso em que se deverá afectar uma parte da propriedade à construção existente (conforme edificabilidade) e aplicar os mecanismos perequativos à restante parte.*
c) *Genericamente, até 300 m2, quando tal se mostre indispensável para acerto entre lotes e STP, tendo em conta o necessário equilíbrio volumétrico do conjunto.*

3. Quando a construção licenciada para a(s) propriedade(s) for inferior ao correspondente direito abstracto, o proprietário será compensado, no valor do direito de construir em falta, cujo valor unitário é estabelecido no art. 9°.

A compensação far-se-á através de desconto nas taxas que lhe forem devidas. Se tal não for suficiente, o valor restante será pago através da aquisição de parte do terreno menos edificável localizado na Cidade, cuja área será determinada pelo quociente entre o valor a pagar e o preço unitário do terreno estipulado no n.° 5 do art. 12°.

4. Quando a potencialidade edificatória for superior ao direito abstracto determinado conforme n.° 2, o proprietário deverá ceder para o domínio privado do município uma área com a possibilidade construtiva em excesso.

Esta cedência será contabilizada nos termos das cedências exigíveis de acordo com a alínea b) do n.° 1 do art. 12°, já que se destina a compensar o município pela área que, para esse fim, por permuta ou compra, terá que adquirir noutro local.

---

[100] Este redacção do n° 2 corresponde a uma proposta de correcção ao texto inicial, procurando uma melhor adaptação do Regulamento a situações de construções pré-existentes.

Artigo 9º
Valor do Direito Abstracto de Construir

1. O valor do direito abstracto de construir variará conforme as áreas da Cidade:

Áreas da Cidade	Valor do Direito Abstracto de Construir/ m^2 de STP
Centro Histórico	12%.C
1ª Coroa	9%.C
2ª Coroa	7,5%.C
3.ª Coroa	5%. C

2. Neste valor não é considerada a eventual existência de infra-estruturas, uma vez que:

a) A existirem junto ao terreno, o seu valor deveria sofrer um acréscimo, como é sugerido no DL n.º 168/99, art. 26º, n.º 7;

b) Mas, por outro lado, o direito concreto de construir ficaria sujeito ao pagamento das taxas estipuladas no art. 13º, n.º 1, alínea b), ou art. 17º, n.º 1, alínea b) deste Regulamento;

c) A valorização referida em a) seria anulada pela(s) taxas(s) referida(s) em b), resultando um valor nulo e restabelecendo a equidade.

CAPÍTULO III
SOBRE A PARTICIPAÇÃO DOS PROMOTORES NOS ENCARGOS

SECÇÃO 1
Loteamentos

Artigo 10º
Encargos dos Promotores

Pela emissão de alvará de loteamento são devidos pelo promotor:

a) a realização das obras de urbanização, de acordo com o alvará, e a prestação da correspondente caução;
b) a cedência de terrenos, de acordo com o definido no art. 12º;
c) as taxas definidas nos artigos sequentes.

Artigo 11º
Obras de Urbanização

1. Para a realização do orçamento correspondente às obras de urbanização fixará o município, anualmente, custos unitários.

2. O valor da caução cobrirá o custo do orçamento, inflacionado para a data em que as obras deverão estar concluídas.

Artigo 12º
Cedências de Terreno

1. Aquando da emissão do alvará de loteamento serão cedidas ao Município:

a) parcelas de terreno destinadas a infraestruturas e pequenos espaços públicos que irão servir directamente o conjunto a edificar;

168   *Perequação – Taxas e Cedências*

b) parcelas de terreno destinadas a vias sem construção adjacente, equipamento e zonas verdes de dimensão significativa.

2. As cedências previstas na alínea a) do número 1 dependem de desenho urbano a adoptar, não tendo sido contabilizadas no n.º 2 do art. 6º e não sendo aqui regulamentadas.

3. De acordo com o princípio estabelecido na alínea b) do n.º 3 do art. 5º, considerar-se-á, na Cidade, a "cedência média" para cada propriedade como sendo:

$$cm = STP_1 \ x \ 0,9m^2/m^2STP, \text{ em que:}$$

STP_1: STP licenciada

4. Nos Bairros da Z.T. e nas Povoações Rurais a "cedência média" será:

$$cm = STP_1 \ x \ 0,45 \ m^2/m^2STP$$

5. Não havendo compatibilidade entre a cedência efectiva (**ce**), estabelecida conforme alínea b) do n.º 1, e a cedência média (**cm**) estabelecida pelos n.ºs 3 ou 4, haverá lugar a uma compensação no valor de [**cm – ce**] . **t**, sendo **t** o valor por m² do terreno para equipamento, ao qual são atribuídos os seguintes valores:

Áreas da Cidade	Valor de t
Centro Histórico	4%.C
1ª Coroa	3%.C
2ª Coroa	2,5%.C
Bairros da Z.T.	2%.C
Povoações Rurais	1%.C

6. Sendo a cedência efectiva superior à cedência média, o proprietário, aquando da emissão do alvará de loteamento, será compensado:

a) descontando o valor calculado em 5 à taxa determinada conforme art. 13º.
b) e, se tal não for suficiente, vendendo ao Município a área em excesso pelo valor em falta.

Artigo 13º
Taxa pela Licença de Loteamento
e Realização de Infraestruturas Urbanísticas

1. Esta taxa será **T = T1 + T2**, sendo:

a) **T1 = 10.000\$00 + (n + 1).STP.10\$**, sendo:

    STP: área bruta de construção autorizada ao promotor
    n: n.º de anos (ou fracção) previstos para a execução das obras de urbanização.

b) **T2 = (STP − STP').t − E**, sendo:

    STP': área bruta de construção que, legalmente constituída, já existisse na propriedade.
    t :   taxa unitária, estabelecida na alínea c).
    E: encargos do promotor com as obras de urbanização, segundo orçamento aprovado, com excepção das redes de gás e telefone.

c) O valor de **t** variará, conforme as áreas do Município e o uso dominante previsto:

		Valor de t
Cidade	Zonas Terciárias	8%.C
	Zonas Residenciais	8%.C
	Zonas Industriais	5%.C
Bairros da Z.T.		8%.C
Povoações Rurais		0%.C

d) Se o valor de T2 for negativo será considerado nulo.

170   *Perequação – Taxas e Cedências*

2. Esta taxa é o somatório das previstas nas alíneas a) e b) do art. 19° da Lei n.° 42/98, de 6 de Agosto, sendo que:

a) **T1** – parcela correspondente ao processo técnico-administrativo, (emissão de alvará e correspondente fiscalização); deverá ser considerada como uma das parcelas da licença de loteamento, prevista na alínea b) do art. 19° da Lei 42/98.

b) **T2** – corresponde à agregação da remoção do limite administrativo à possibilidade de construir, com a correspondente vantagem concedida (uma segunda parcela da licença de loteamento) com a taxa pelas infra-estruturas (conforme alínea a) do art. 19° da Lei n.° 42/98), resultando de tal agregação e da fórmula adoptada um mecanismo perequativo dos encargos dos promotores.

Artigo 14°
Taxa pela Alteração ao Alvará de Loteamento

1. Por cada alteração de alvará.. 20.000$00

2. Acresce, quando se verifique "área bruta de construção" em excesso relativamente ao alvará anterior, o valor em excesso de T2 (art. 13°), resultante da correcção de STP.

Artigo 15°
Outras Taxas Associadas a Loteamentos

1. Por prorrogação de prazo para execução de obras de urbanização

a) por prorrogação... 20.000$00

b) acresce, por cada ano ou fracção, por m^2 de "área bruta de construção" permitida pelo alvará: **n.STP.10$**, sendo **n** definido no art. 13° n.° 1, alínea a).

2. Outras taxas, correspondentes a procedimentos técnico-administrativos associados a loteamentos, são estabelecidas na Tabela de Taxas, Tarifas e Licenciamentos do Município de Évora.

Anexo B – *Caso de Évora*

SECÇÃO 2
Edifícios

Artigo 16°
Encargos dos promotores

Pela emissão das licenças relativas à construção e utilização dos edifícios são devidas, pelos promotores:

a) as taxas definidas nos artigos seguintes;
b) a eventual realização de obras de urbanização e correspondentes cedência de terreno nos termos dos n.°s 4 e 5 do art. 63° do DL 445/91.

Artigo 17°
**Taxa pela Licença de Obra Nova (ou Ampliação)
e Realização de Infra-estruturas Urbanísticas**

1. Esta taxa será : $T = T1 + T2$, sendo:

a) $T1 = 10.000\$00 + n.STP.50\$$, sendo:

    STP: área bruta de construção autorizada ao promotor
    n: n.° de anos (ou fracção) pela qual a licença é emitida.

b) $T2 = (STP - STP').t - E$, sendo:

    STP: área bruta de construção total resultante
    STP': área bruta de construção que, legalmente constituída, já existisse na propriedade
    t: taxa unitária, estabelecida na alínea c).
    E: encargos dos promotores com obras de urbanização, segundo orçamento aprovado.

Perequação – Taxas e Cedências

c) O valor de **t** variará conforme as áreas do Município e outras circunstâncias:

			Valor de **t**
Cidade	Centro Histórico		12%.C
	1ª Coroa (Excepto nos Bᵒˢ 3 Bicos, Sra. da Glória e Gancho aos quais se aplica 12%)		11%.C
	2ª Coroa	Zonas Terciárias e Habitacionais	10%.C
		Zonas Industriais	7%.C
Zona Transição	Bairros		9%.C
	Restante Área		2%.C + 2%.C, se ligar à rede pública de esgotos + 2%C se ligar à rede pública de esgotos
Freguesias Rurais	Povoações		0
	Restante Área		2%.C, se ligar à rede pública de água + 2%.C, se ligar à rede pública de esgotos

d) Se o valor de T2 for negativo será considerado nulo.

e) Nas obras realizadas em lotes constituídos através de alvará de loteamento, e em conformidade com o mesmo, T2 = 0

Anexo B – *Caso de Évora*

2. Esta taxa é o somatório das previstas nos art. 19º – a) e b) da Lei 48/98, de 6 de Agosto, sendo que:

a) **T1**: parcela correspondente ao processo tecnico-administrativo, emissão de alvará e correspondente fiscalização; deverá ser considerada como uma das parcelas da licença de construção, prevista na alínea b) do art. 19º da Lei 42/98.

b) **T2**: corresponde à agregação de remoção do limite administrativo à possibilidade de construir, com a correspondente vantagem concedida (uma segunda parcela da licença de loteamento) com a taxa pelas infra-estruturas (conforme alínea a) do art. 19º da Lei n.º 42/98), resultando de tal agregação e da fórmula adoptada um mecanismo perequativo dos encargos dos promotores.

Artigo 18º
Taxa pela Licença de Obra de Alteração

1. Por cada licença emitida ....5.000$00

2. Acresce, em função da obra a realizar:

- pela alteração da cobertura ....2.000$00
- por cada fachada a alterar (cores, dimensão dos vãos ou materiais) ....2.000$00

3. Acresce ainda, quando se verificarem as seguintes mudanças de uso:

a) de garagem ou arrumo para outro uso, na cidade...................4% STP.C
b) no Centro Histórico:

- de habitação para terciário ou indústria.........................10% STP.C
- na subdivisão de unidade terciária, por cada unidade a mais com área inferior a 100 m2 ....50.000$00

Artigo 19º
Taxa pela Licença de Legalização

1. Quando tenha ocorrido obra nova ou de ampliação é devida a taxa definida no art. 17º, fixando—se para o efeito **n = 4**.

174 *Perequação – Taxas e Cedências*

2. Quando tenha ocorrido obra de alteração é devida a taxa definida no art. 18°.

3. Quando, associado ao processo de legalização, estejam previstas novas obras de ampliação, estas estão sujeitas à taxa definida no art. 17°.

4. Quando, associado ao processo de legalização, estejam previstas novas obras de alteração, estas não estão sujeitas a taxa.

Artigo 20°
Taxa pela Licença de Utilização

1. Por edifício ou fracção...10.000 \$00
2. Acresce, por m^2 de STP autorizada para:

- terciário ....60\$00
- habitação ....30\$00
- indústria ou armazém...15\$00

Artigo 21°
Taxa pela Licença de Alteração de Uso

1. Por edifício ou fracção...5.000\$00
2. Acresce, por m^2 de STP autorizada para:

- terciário ....30\$00
- habitação ....15\$00
- indústria ou armazém...7\$50

3. Acrescem, ainda, os valores fixados no n.° 3 do art. 18°, caso não tenham ocorrido obras de alteração.

Artigo 22°
Outras Taxas Associadas a Edifícios

1. Prorrogação de licença de construção para obra nova ou ampliação: o valor de T1, definido no art. 17°.

2. Outras taxas, correspondentes a procedimentos tecnico-administrativos associados a edifícios, são estabelecidas na Tabela de Taxas, Tarifas e Licenciamentos do Município de Évora.

Secção 3
Outras Obras

Artigo 23º
Taxas para Licenças de Alterações de Paisagem

1. Por cada licença emitida ....5.000$00
2. Acresce, em função da acção a realizar, nomeadamente:

a) Movimento de terras, por cada m^3 de aterro ou escavação.........100$00
b) Arborização e rearborização com espécies de crescimento
   rápido (por ex: eucalipto, acácia e choupo), por cada hectare 40.000$00
c) Arborização e rearborização com espécies de crescimento
   não rápido, por cada hectare ....5.000$00
d) Exploração de inertes, por cada m3 de material a extrair ....300$00

Artigo 24º
**Taxa pela Licença de Construção
de Posto de Abastecimento de Combustíveis**

1. O valor da taxa variará conforme o local onde ocorrer a construção, sendo para o efeito o território concelhio dividido em:

L_1 – faixas situadas ao longo das vias principais de nível 1 e de nível 2 da cidade, da Estrada de Lisboa (EN 114), da Estrada de Estremoz (EN 18) e da Estrada de Beja (EN 18).
L_2 – outros locais da cidade e faixas situadas ao longo das outras estradas nacionais dentro da Zona de Transição.
L_3 – outros locais da Zona de Transição.
L_4 – outros locais das freguesias rurais.

Perequação – Taxas e Cedências

2. O valor da taxa corresponderá ao somatório das seguintes parcelas, em contos (mil escudos):

	L_1	L_2	L_3	L_4
Por licença	30 000	15 000	6 000	500
Por cada veículo	5 000	2 500	1 000	500
Por cada unidade de lavagem	2 000	1 000	200	100

Artigo 25°
Taxa pela Licença de Construção de Piscinas

1. Por cada licença emitida ....10.000$00
2. Acresce, por m^3 ou fracção...1.000$00

Artigo 26°
**Taxa pela Licença de Construção
ou Alteração de Muros de Vedação**

1. Por cada licença emitida ....5.000$00
2. Acresce, por metro linear de muro confrontando com
espaço público...500$00
3. Quando a construção de muros de vedação esteja associada a licença de construção de edifício, com área 50 m2, ficará isento de taxa.

SECÇÃO 4
Reduções, Isenções e Regime de Pagamentos

Artigo 27°
Isenção de Taxas Relativas a Loteamentos

1. Os loteamentos destinados a equipamentos em que pelo menos 50% da STP seja destinada a habitação a custos controlados (habitação social) estão isentos dos pagamentos estabelecidos nos n. 5 do art. 12° e art. 13°, sem prejuízo do cumprimento dos demais encargos previstos nos artigos 11° e 12°.

Anexo B – *Caso de Évora*

2. Os alvarás emitidos ao abrigo do disposto no artigo anterior terão obrigatoriamente que conter nas especificações respeitantes aos lotes destinados a habitação a custos controlados, as seguintes cláusulas sujeitas a registo:

a) Habitações sujeitas aos parâmetros e valores em vigor para habitação de custos controlados, nomeadamente quanto aos custos de construção por m^2 e aos valores máximos de venda.
b) Ónus de inalienabilidade pelo período de 5 anos, nos termos legais, para habitações a custos controlados para venda;
c) Ónus de renda limitada;
d) Nas segundas transmissões inter vivos, a impossibilidade de comercialização das respectivas habitações sem ser através das listas de candidatos a habitação existentes na Câmara Municipal de Évora, ou, no caso da entidade promotora ser uma Cooperativa de Habitação, através de listas de sócios cooperantes nela existentes;

Artigo 28.º
Isenção e Redução de Taxas Relativas a Edifícios

1. Os edifícios em que pelo menos mais de 50% da STP seja destinada a habitação a custos controlados (habitação social) estão isentos do pagamento das taxas estabelecidas nos artigos 17.º, 18º, 20.º, 21.º e 22.º – 1.

Sobre estes fogos incidirão as cláusulas do n.º 2 do artigo anterior.

2. Os edifícios destinados a equipamentos sociais promovidos por instituições sem fins lucrativos ficarão igualmente isentos das taxas estabelecidas nos artigos 17.º, 18.º, 20.º, 21.º e 22.º – 1.

3. As obras que se destinem exclusivamente a dotar de condições mínimas de habitabilidade fogos que dela não disponham ficarão isentos de qualquer taxa.

4. As obras destinadas a habitação própria, até 120m^2, de famílias que ainda não tenham sido subsidiadas através de processo de cedência de lotes municipais ou cooperativos, ou legalização de bairros clandestinos, gozarão de uma redução de 50% da taxa estabelecida no art. 17.º.

Artigo 29.º
Outras Isenções e Reduções

Para além das previstas nos artigos anteriores, poderão ainda beneficiar de redução ou isenção do pagamento de taxas devidas, nos termos do presente regu-

178   *Perequação – Taxas e Cedências*

lamento, as obras relativas à construção de empreendimentos a que seja reconhecido especial interesse público, mediante deliberação da Assembleia Municipal, sob proposta devidamente fundamentada da Câmara Municipal.

Artigo 30.º
Regime de Pagamento

1. As taxas, cedência e compensação previstas neste Regulamento serão, em princípio, pagas e/ou efectivadas aquando da emissão de alvará.

2. A requerimento do interessado e quando o valor a pagar for superior a 100.000$00, poderá a Câmara autorizar o pagamento em prestações semestrais, no máximo de seis, acrescidas dos juros legais.

3. Por interesse e acordo mútuos as taxas e compensações poderão ser pagas em espécie.

Capítulo IV
DISPOSIÇÕES FINAIS

Artigo 31.º
Revogações

Com a entrada em vigor deste Regulamento são revogados os artigos n.os 1 a 8A, 14A a 15, 17 a 23, 25, 26, 28, 32 a 34 e 55 da Tabela de Taxas, Tarifas e Licenciamentos do Município de Évora, aprovada pela Assembleia Municipal em 30/04/98.

Artigo 32.º
Entrada em Vigor

O presente Regulamento entra em vigor na data da sua publicação em Diário da República, sendo aplicável a licenciamentos solicitados quando, cumulativamente:

a) o novo P.U.E. esteja em vigor;
b) este Regulamento tenha sido aprovado pela Assembleia Municipal.

Artigo 33.º
Regime Transitório

Durante um ano, a partir da entrada em vigor deste Regulamento, em loteamentos situados no Bairro do Bacelo Norte, que visem a legalização de clandestinos, manter-se-ão em vigor as taxas pelas infra-estruturas urbanísticas definidas nos artigos 11.º a 15.º da Tabela de Taxas Municipais, aprovada por deliberação da Assembleia Municipal de 30.12.87. Exceptua-se o ponto 2 do art. 11.º, passando o valor de CH a ser de 5.600$00/ m^2 de área do lote.

3. PROPOSTA DE CONSTITUIÇÃO DA UNIDADE DE EXECUÇÃO

EIXOS ESTRUTURANTES DA ZONA DE EXPANSÃO DOS LEÕES

Anexo 1 CADASTRO E DELIMITAÇÃO DA INTERVENÇÃO, escala 1/2000

Anexo 2 DELIMITAÇÃO SOBRE PLANTA DE ORDENAMENTO DO P.U.E. , ESCALA 1/5000

Anexo 3 PRIMEIRA APROXIMAÇÃO À SOLUÇÃO URBANÍSTICA, escala 1/2000

Anexo 4 ARTIGOS DO REGULAMENTO DE TAXAS E CADÊNCIAS

Anexo 5 MINUTAS PARA "ACORDOS PRÉVIOS" COM OS PRO-PRIETÁRIOS

Anexo 8 REGULAMENTO DO FUNDO DE COMPENSAÇÃO

CÂMARA MUNICIPAL DE ÉVORA
Departamento de Administração Urbanística

PROPOSTA DE CONSTITUIÇÃO DA *UNIDADE DE EXECUÇÃO*:
EIXOS ESTRUTURANTES DA ZONA DE EXPANSÃO DOS LEÕES

O Plano de Urbanização de Évora (P.U.E.), ratificado e publicado em Diário da República (28/03/2000), constitui uma primeira e concreta aplicação do DL 380/99, de 22 de Setembro, uma vez que:

– Adopta regras para a respectiva implementação, que incluem a identificação de *unidades operativas de planeamento e gestão*, entendidas como *estratégicas e prioritárias para o desenvolvimento da Cidade* e estabelecendo, para cada uma delas, objectivos, orientações urbanísticas, orientações para a sua implementação (arts. 80° a 110.°) e ainda orientações para o desenvolvimento de uma política de solos (arts. 116.° a 118.°).

Tais regras e orientações são de conteúdo convergente e compatível com as normas instituídas pelo DL 380/99 relativas à *programação e execução*, nomeadamente com os arts. 118.° a 120.° e 122.° a 124.°, apontando para a constituição de *unidades de execução*: por *imposição administrativa*, para as faixas marginais à *Área de Expansão dos Leões* e para a unidade *Parque Industrial/Almeirim*; por *cooperação* ou *compensação*, para *as Áreas Sul/Nascente de Entrada na Cidade*, *Eixo Poente de Entrada na Cidade* e restante *Área de Expansão dos Leões*.

– Adopta regras para a *justa repartição de benefícios e encargos* (arts. 111.° a 115.°), posteriormente desenvolvidas através do *Regulamento para a Justa Repartição de Benefícios e Encargos Associados à Construção (RBEC)*; que são fundamentadas nos arts. 137.° a 139.°, 141.° e 142.° do DL 380/99.

184 *Perequação – Taxas e Cedências*

Neste enquadramento, pretendendo *globalizar e estruturar a Cidade*, nomeadamente através do estabelecimento de uma estrutura viária principal, da *animação da acção urbanística* e da *criação de novos conjuntos urbanístico/arquitectónicos de valor patrimonial* (Objectivos 1.2, 4.1, 4.3 e 2.3, expressos no Relatório do P.U.E, pág. 46 e 47), a Câmara Municipal de Évora decide dar início ao processo de execução de *Unidade Operativa – Zona Industrial dos Leões*, delimitando para o efeito uma *unidade de execução* e dispondo-se a assumir a responsabilidade pelas obras de urbanização correspondentes ao que irá constituir a estrutura viária principal de toda a Zona Norte da Cidade.

Assim:

1. A Câmara Municipal de Évora,(CME) visando a execução coordenada e programada do Plano de Urbanização de Évora (P.U.E.), decide que seja executada a operação urbanística correspondente aos *Eixos Estruturantes da Unidade Operativa Zona de Expansão dos Leões*, adoptando para tal o sistema de imposição administrativa.
1.1. Tal decisão é tomada com base nos arts. 118.º a 120.º, 124.º e 125.º do DL 380/99, de 22 de Setembro.
1.2. A unidade de execução correspondente a esta operação urbanística é delimitada em desenho (Anexo 1), elaborado à escala 1:2000, no qual são também assinalados os limites cadastrais dos prédios abrangidos.

2. A delimitação desta Unidade de Execução visa assegurar o desenvolvimento urbano harmonioso da Cidade de Évora.
2.1. Conforme Regulamento do P.U.E., a operação urbanística visa os seguintes objectivos:
– Estruturar a Cidade, estabelecendo continuidades urbanas, favorecendo novas centralidades e melhorando a circulação (alínea a) do art° 88°)
– Construir novos equipamentos e conjunto urbanístico/arquitectónico que constituam elementos simbólicos de modernidade e valor patrimonial da cidade. (alínea b) do art. 88.º)
– Criar um espaço universitário contínuo, com vida própria, mas inserido no tecido urbano da Cidade. (alínea c) do art. 88.º)
Deverá, também, obedecer às seguintes orientações:
– Estabelecer um novo eixo de entrada na cidade (direcção Estremoz-
-Espanha) e um troço poente da Grande Circular, os quais deverão compatibilizar o transito automóvel com uma imagem acentuadamente urbana (alínea a) do art. 89.).

Anexo B – *Caso de Évora*   185

– Criar um eixo fortemente pedonal entre a Porta de Aviz e uma praça a construir frente ao Forte de Santo António, ao longo da qual se deverão situar novos equipamentos, nomeadamente universitários. (alínea b) do art. 89.°)

2.2. A operação urbanística deverá ainda obedecer à Planta de Ordenamento do P.U.E. (que se reproduz em desenho – Anexo 2, – onde é também assinalada a delimitação da Unidade de Execução), complementada pelo Regulamento, nomeadamente pelos artigos 42.°, 46.°, 48.°, 50.°, 54.° e 55.°.

2.3. Tais objectivos, orientações e regras foram respeitados na elaboração do desenho – Anexo A 3 – o qual, á escala 1:2000, constitui uma primeira aproximação à solução urbanística de pormenor a adoptar para a Unidade de Execução.

2.4. Esta solução será desenvolvida em projecto(s) de loteamento, organizado(s) em conjunto ou isoladamente, conforme se mostrar mais conveniente. A elaboração desse(s) projecto(s) exprimirá o(s) acordo(s) que vierem a ser estabelecido(s) entre proprietário(s) e Câmara Municipal e a responsabilidade pela elaboração dos respectivos estudos será desta última entidade.

Face aos objectivos de procura de qualidade, o(s) loteamento(s) deverá(ão) incluir desenhos e regras de concepção e pormenorização de fachadas.

3. Esta operação urbanística será desenvolvida por forma a assegurar uma justa repartição de benefícios e encargos, entre os proprietários abrangidos.

3.1. A perequação dos benefícios deverá ser concretizada de acordo com o P.U.E. (arts. 111.°, n.° 2, 113.° e 114.°) e com o *Regulamento Municipal para a Justa Repartição de Benefícios e Encargos Associados à Construção no Concelho de Évora – RBEC* (arts. 6.° a 9.°)

Cada proprietário ficará, assim, na posse de lotes urbanos com uma possibilidade construtiva (STP) igual ao produto de 0,35 pela área da fracção da propriedade incluída na Unidade de Execução.

Se a respectiva fracção tiver uma edificabilidade superior: esse excesso deverá ser cedido para domínio privado municipal; o proprietário poderá escolher os lotes com que irá ficar, de entre os que nela forem criados.

Se a respectiva fracção tiver uma edificabilidade inferior, o proprietário ficará com os lotes que nela se constituam e com outros situados em propriedade vizinha, até perfazer a STP a que tem direito.

3.2. A perequação dos custos ocorrerá através do seguinte processo:

– Os custos do projecto e organização administrativa dos processos fundiários serão suportados pela totalidade dos proprietários participantes, incluindo a CME, na proporção da STP a ficar na posse de cada um.

186 *Perequação – Taxas e Cedências*

– As redes de gás e telecomunicações obedecerão a uma solução de conjunto, a acordar entre proprietários e entidades fornecedoras. O seu custo será igualmente suportado pelos proprietários participantes, na mesma proporção.

– As demais obras de urbanização (com excepção da parte dos passeios imediatamente contíguos aos edifícios) serão realização directa da Câmara Municipal, pelo que cada proprietário suportará os encargos previstos no R.B.E.C., nomeadamente pagamento de taxa (art. 13.º) e cedência de terreno (art. 12.º) – Anexo A 4.

4. Esta Unidade de Execução e a correspondente operação urbanística integra Unidade Operativa de Planeamento e Gestão, que está expressamente prevista no P.U.E. (arts. 90.º, alínea a) e 118.º ponto 1).

Não dispondo, contudo, de plano de pormenor, foi sujeita a uma discussão pública análoga à destes planos.

4.1. Assim, conforme n° 3 e seguintes do art. 77.º do DL 380/99 a Câmara Municipal procedeu à abertura de um período de discussão pública, que decorreu entre 23/10/00 e 19/01/01 (Aviso n.º 6 417/2000 publicado na 2.ª Série do Diário da República de 18 de Agosto de 2000 e nos jornais Público e Diário do Sul em 18.10.2000)

4.2. Para além da discussão pública, a Câmara Municipal promoveu o esclarecimento directo de cada um dos proprietários abrangidos, desenvolvendo desde logo o necessário processo negocial e procurando a obtenção de acordos prévios.

4.3. No período de discussão pública:

4.3.1. Ocorreu uma reclamação por escrito a qual não foi aceite (Anexo 6)

4.3.2. Estabeleceram-se contactos com todos os proprietários.

4.3.3. Estabeleceram-se acordos prévios com 4 proprietários (Anexo 7)

4.3.4. Aguardam-se respostas dos restantes proprietários.

5. Findo o Inquérito Público é tomada decisão definitiva de criação da Unidade de Execução, por deliberação da Assembleia Municipal.

Concomitantemente com tal decisão é criado Fundo de Compensação da U.E. (Anexo 8).

6. Aprovada esta Unidade de Execução, a Câmara Municipal:

6.1. Divulgará a decisão através de Edital e publicação em 2 jornais locais.

6.2. Continuará o processo negocial com os proprietários procurando acordos prévios, que se traduzam na assinatura de protocolos, os quais obedecem ao presente articulado e às minutas anexas (Anexo 5), que poderão sofrer os ajustes correspondentes ao que for acordado.

Nos casos em que a propriedade apenas esteja parcialmente abrangida pela Unidade de Execução, a Câmara aceitará, se o proprietário o pretender, que seja loteada na totalidade, caso o P.U.E. o admita.

Em tal situação, no entanto, a execução das obras de urbanização para além do limite da Unidade de Execução ficarão a cargo do proprietário.

6.3. Promoverá a aquisição, se necessário com recurso à expropriação por utilidade pública, das propriedades inseridas nesta Unidade de Execução e relativamente às quais não tenha a obtenção até dois meses após a publicitação do Edital (tal decisão é baseada no nº 1 e na alínea a) do n.º 2 do art. 128.º do DL 380/99).

6.4. Dará andamento à execução das obras de urbanização.

6.5. Promoverá a organização dos projectos de loteamento, conforme referido em 2.4.

ANEXO 1
CADASTRO E DELIMITAÇÃO DA INTERVENÇÃO

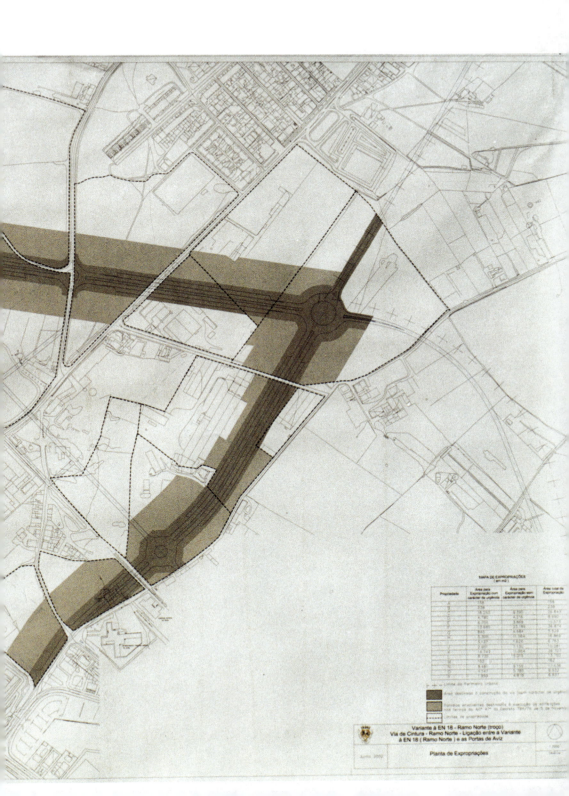

ANEXO 2

DELIMITAÇÃO SOBRE PLANTA DE ORDENAMENTO DO P.U.E.

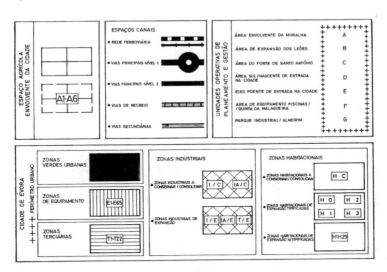

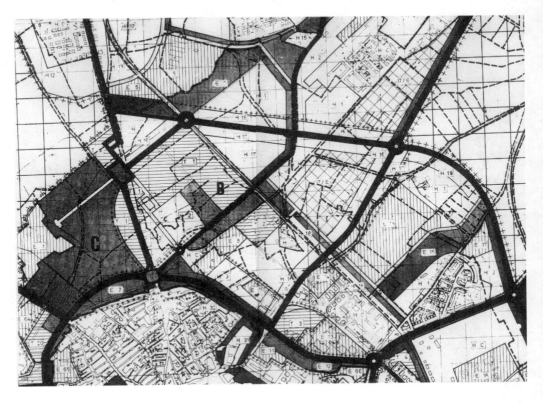

ANEXO 3
PRIMEIRA APROXIMAÇÃO À SOLUÇÃO URBANÍSTICA

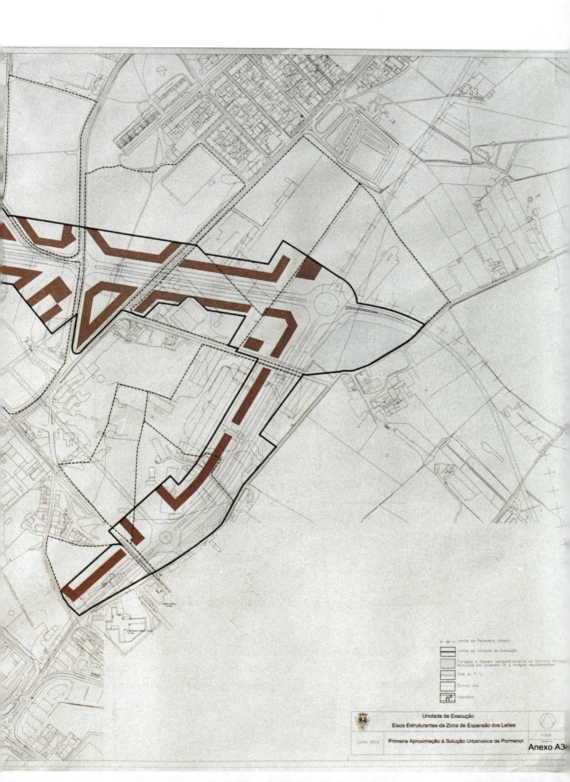

ANEXO 4
ARTIGOS DO REGULAMENTO DE TAXAS E CEDÊNCIAS

Artigo 12.º
Cedências de Terreno

2. Aquando da emissão do alvará de loteamento serão cedidas ao Município:

....

c) parcelas de terreno destinadas a infra-estruturas e pequenos espaços públicos que irão servir directamente o conjunto a edificar;
d) parcelas de terreno destinadas a vias sem construção adjacente, equipamento e zonas verdes de dimensão significativa.

7. As cedências previstas na alínea a) do número 1 dependem de desenho urbano a adoptar, não tendo sido contabilizadas no n.º 2 do art. 6.º e não sendo aqui regulamentadas.

8. De acordo com o princípio estabelecido na alínea b) do n.º 3 do art. 5.º, considerar-se-á, na Cidade, a "cedência média" para cada propriedade como sendo:

$$cm = STP_1 \times 0,9m^2/m^2STP, \text{ em que:}$$

STP_1: STP licenciada

9. Nos Bairros da Z.T. e nas Povoações Rurais a "cedência média" será:

$$cm = STP_1 \times 0,45 \ m^2/m^2STP$$

10. Não havendo compatibilidade entre a cedência efectiva (**ce**), estabelecida conforme alínea b) do n.º 1, e a cedência média (**cm**) estabelecida pelos n.ᵒˢ 3 ou 4, haverá lugar a uma compensação no valor de **[cm – ce] . t**, sendo **t** o valor por m^2 do terreno para equipamento, ao qual são atribuídos os seguintes valores:

Áreas da Cidade	Valor de **t**
Centro Histórico	4%.C
1.ª Coroa	3%.C
2.ª Coroa	2,5%.C
3.ª Coroa	2%. C
Povoações Rurais	1%. C

7. Sendo a cedência efectiva superior à cedência média, o proprietário, aquando da emissão do alvará de loteamento, será compensado:

c) descontando o valor calculado em 5 à taxa determinada conforme art. 13.º.

d) e, se tal não for suficiente, vendendo ao Município a área em excesso pelo valor em falta.

Artigo 13.º
**Taxa pela Licença ou Autorização de Loteamento
e Realização de Infra-estruturas Urbanísticas**

2. Esta taxa será **T = T1 + T2**, sendo :

e) **T1 = 10.000$00 + (n + 1).STP.10$**, sendo:

STP: área bruta de construção autorizada ao promotor

n: n.º de anos (ou fracção) previstos para a execução das obras de urbanização.

f) **T2 = (STP − STP').t − E,** sendo:

STP': área bruta de construção que, legalmente constituída, já existisse na propriedade.

t : taxa unitária, estabelecida na alínea c).

E: encargos do promotor com as obras de urbanização, segundo orçamento aprovado, com excepção das redes de gás e telefone.

g) O valor de **t** variará, conforme as áreas do Município e o uso dominante previsto:

		Valor de t
Cidade	Zonas Terciárias	8%.C
	Zonas Residenciais	8%.C
	Zonas Industriais	5%.C
Bairros da Z.T.		8%.C
Povoações Rurais		0%.C

d) Se o valor de T2 for negativo será considerado nulo.

3. Esta taxa é o somatório das previstas nas alíneas a) e b) do art. 19.º da Lei n.º 42/98, de 6 de Agosto, sendo que:

c) **T1** − parcela correspondente ao processo técnico-administrativo, (emissão de alvará e correspondente fiscalização); deverá ser considerada como uma das parcelas da licença de loteamento, prevista na alínea b) do art. 19.º da Lei 42/98.

d) **T2** − corresponde à agregação da remoção do limite administrativo à possibilidade de construir, com a correspondente vantagem concedida (uma segunda parcela da licença de loteamento) com a taxa pelas infra-estruturas (conforme alínea a) do art. 19.º da Lei n.º 42/98), resultando de tal agregação e da fórmula adoptada um mecanismo perequativo dos encargos dos promotores.

Anexo B – *Caso de Évora*

ANEXO 5

MINUTAS PARA ACORDOS PRÉVIOS COM OS PROPRIETÁRIOS

MINUTA A – para as propriedades em que a Edificabilidade seja superior ao seu Direito Abstracto de Construção

UNIDADE DE EXECUÇÃO: EIXOS ESTRUTURANTES DA ZONA DE EXPANSÃO DOS LEÕES

Acordo prévio

A. Câmara Municipal de Évora, ...
B. Sr......., proprietário de............

Reconhecendo a importância do estabelecimento do processo de parceria entre os proprietário e o Município, com a finalidade de garantir o desenvolvimento harmonioso da Cidade de Évora e de uma justa repartição de encargos e benefícios entre proprietários, os signatários acordam no seguinte:

1. Irão colaborar no loteamento de uma fracção da propriedade de ......
.........**B**, cujos limites aproximados são assinalados em planta anexa.

2. .... **A** encarregar-se-á de:
a) elaboração do projecto de loteamento;
b) elaboração do projecto de execução das obras de urbanização;
c) execução das obras de urbanização, exceptuando a faixa dos passeios contígua aos edifícios.

3. ....**B** ficará na posse de lotes urbanos com uma possibilidade construtiva (STP) igual ao produto de 0,35 pela área da fracção da propriedade referida em 1.

Prevendo-se que essa fracção tenha uma edificabilidade superior, ...**B** escolherá os lotes com que irá ficar de entre os que nela forem constituídos, cedendo os restantes para domínio privado municipal.

4. ....**B** suportará os seguintes encargos:

a) custos dos projectos entregues pela Câmara Municipal ao exterior (na proporção da área da sua fracção face à da Unidade de Execução aprovada);
b) custos das redes de gás e telecomunicações, conforme o que for acordado com entidades fornecedoras, e na mesma proporção;
c) cedências e taxas, conforme o estipulado no Regulamento Municipal para a Justa Repartição de Benefícios e Encargos Associados à Construção no Concelho de Évora (R.B.E.C.)

5. .... **B** responsabiliza-se por:

a) fazer entrar pedido de loteamento na Câmara Municipal até 30 dias após a sua execução técnica esteja concluída;
b) levantar o correspondente alvará de loteamento, prestando os correspondentes encargos, até 30 dias após a sua aprovação pela Câmara Municipal.

6. ....**B** coloca desde já à disposição de ....**A** a área necessária à execução, por esta, das obras de urbanização.

..................**A** responsabiliza-se por que estas estejam concluídas um ano após a emissão do alvará de loteamento.

Anexo B – *Caso de Évora* 199

MINUTA B – para as propriedades em que a Edificabilidade seja inferior ao seu Direito Abstracto de Construção

UNIDADE DE EXECUÇÃO: EIXOS ESTRUTURANTES
DA ZONA DE EXPANSÃO DOS LEÕES

Acordo prévio

A. Câmara Municipal de Évora, ...
B. Sr. ...., proprietário de ....
Reconhecendo a importância do estabelecimento de processo de parceria entre os proprietário e o Município, com as finalidades de garantir o desenvolvimento harmonioso da Cidade de Évora e de uma justa repartição de encargos e benefícios entre proprietários, os signatários acordam no seguinte:

1. Irão colaborar na urbanização da Unidade de Execução supracitada, incidindo tal colaboração da propriedade de **B**, para o limite assinalado em planta anexa.

2. Para o efeito, será loteada uma parcela da área referida em 1, sendo que a parcela restante será objecto de permuta com lotes urbanos.

3. No loteamento:
3.1. **B** ficará na posse dos lotes urbanos não destinados a equipamentos que forem integralmente constituídos dentro da parcela.
3.2. A parcela objecto de loteamento terá uma área igual ao quociente entre a Stp dos lotes a ficar na posse de **B** e 0,35.
3.3. **A** encarregar-se-á de:
3.3.1. elaboração do projecto de loteamento;
3.3.2. elaboração do projecto de execução das obras de urbanização;
3.3.3. execução das obras de urbanização, exceptuando a faixa dos passeios contígua aos edifícios.
3.4. **B** suportará os seguintes encargos:
3.4.1. custos dos projectos entregues pela Câmara Municipal ao exterior (na proporção da área da sua parcela – referida em 1 – face à da Unidade de Execução aprovada);

3.4.2. custos das redes de gás e telecomunicações, conforme o que for acordado com entidades fornecedoras, e na mesma proporção;

3.4.3. cedências à Câmara Municipal, conforme art. 12.º do RBEC.

3.4.4. taxas, conforme art. 13.º do RBEC

4. Na permuta a efectuar:

4.1. **A** entregará a **B** lote(s) urbano(s) situado(s) em propriedade(s) vizinha(s), com uma STP igual ao produto de 0,35 pela área da parcela que **B** entregará a **A**.

4.2. **B** entregará a **A** a parcela não integrada no loteamento e um valor monetário igual à taxa que, de acordo com o art. 13.º do RBEC, corresponde a esses lotes.

4.3. O valor da siza será encargo de **A**.

5. **B** responsabiliza-se por:

5.1. fazer entrar pedido de loteamento na Câmara Municipal até 30 dias após a sua execução técnica estar concluída;

5.2 levantar o correspondente alvará de loteamento, prestando os correspondentes encargos, até 30 dias após a sua aprovação pela Câmara Municipal.

6. **B** coloca desde já à disposição de **A** a área necessária à execução, por esta, das obras de urbanização.

A responsabiliza-se por que estas estejam concluídas um ano após a emissão do alvará de loteamento.

ANEXO 8

REGULAMENTO DO FUNDO DE COMPENSAÇÃO DA UNIDADE DE EXECUÇÃO – EIXOS ESTRUTURANTES DA ZONA DE EXPANSÃO DOS LEÕES –

O Município de Évora constitui a Unidade de Execução – Eixos Estruturantes da Zona de Expansão dos Leões. Sendo tal unidade de execução por imposição administrativa, a Câmara de Évora encarregar-se-á de:

- d) elaboração dos projectos de loteamento;
- e) elaboração dos projectos de execução das obras de urbanização;
- f) execução das obras de urbanização, exceptuando a faixa dos passeios contígua aos edifícios (com uma largura de 2 m).

Os proprietários participantes na Unidade Execução contribuirão com cedências e taxas conforme estipulado no Regulamento para a Justa Repartição de Benefícios e Encargos Associados à Construção (REBEC) e ainda com:

- a) custos dos projectos de loteamento (os quais deverão incluir desenhos e regras de concepção e pormenorização das fachadas, a fim de assegurar a qualidade pretendida).
- b) custos de projectos e obras correspondentes às redes de gás e telecomunicações, conforme o que for acordado com entidades fornecedoras.

Nos termos do art. 125.º do D.L. 380/99 a Câmara terá que constituir o Fundo de Compensação o qual tem os seguintes objectivos:

- a) liquidar as compensações devidas pelos particulares e respectivos adicionais;
- b) cobrar e depositar em instituição bancária as quantias liquidadas;
- c) liquidar e pagar as compensações devidas a terceiros.

Sendo que, no caso concreto, o essencial das obras de urbanização (eixos viários, águas, esgotos e electricidade) são assumidas pela Câmara e os proprietários

202   *Perequação – Taxas e Cedências*

participantes pagarão taxas de valor pré-fixado, apenas os restantes encargos e correspondentes receitas, que terão que ser geridos de forma colectiva, integrarão este Fundo.

Assim:

Art. 1.º – É constituído o Fundo de Compensação da Unidade de Execução – Eixos Estruturantes da Zona de Expansão dos Leões.

Art. 2.º – Constituem receitas as participações dos proprietários e da Câmara com vista a suportar as despesas referidas no artigo seguinte.

Art. 3.º – São despesas a suportar por este Fundo

a) elaboração do projecto de loteamento;
b) execução das obras de infra-estruturas de gás e telecomunicações, consoante acordos a serem negociados com as entidades fornecedoras.

Art 4.º – Tais participações ocorrerão da seguinte forma:

a) Será elaborada estimativa orçamental inicial relativamente à totalidade das despesas e correspondente participação de cada um.
b) Haverá uma participação inicial de 10% de tal montante.
c) Haverá novas participações em função das despesas efectuadas e previsíveis.
d) Ocorrerá um acerto final face aos projectos desenvolvidos.

Art 5.º – O Fundo será gerido pela Câmara com o conhecimento dos proprietários participantes, que para além disso serão ouvidos em reuniões a ocorrer previamente:

a) à decisão de entrega dos trabalhos
b) à decisão de novas participações financeiras e/ou de constituição de empréstimos

Art. 6.º – O Fundo assumirá a forma de conta a abrir pela CME em instituição bancária originando juros, podendo a Câmara conceder adiantamentos a uma taxa indexada à EURIBOR a 6 meses acrescida de 1%.

Art. 7.º – O Fundo será movimentado pelo Vereador do Pelouro da Administração Urbanística ou por outro eleito em sua substituição e pelo Tesoureiro ou seu substituto.

Art. 8.º – O Fundo será extinto quando as acções referidas no artigo 3.º estiverem concluídas e após o definido na alínea d) do artigo 4.º.

ANEXO C

BIBLIOGRAFIA

Actas do Colóquio Internacional sobre *A Execução dos Planos Directores Municipais*, Almedina, Coimbra, 1998

Actas do Seminário: *Planos Directores Municipais – Que Planos para a Próxima Década?* CCRC, Coimbra, 1998

Ad-Urbem, *Parecer sobre o Ante-Projecto da LBOT*, in www-ext.lnec.pt/ AD.URBEM, 1997

Almeida, Aníbal, *Estudos de Direito Tributário*, Coimbra, Almedina, 1996

Almeida, Duarte de Almeida, e outros, *Legislação Fundamental de Direito do Urbanismo*, Lisboa, Lex

Amaral, Diogo Freitas do Amaral, *Direito do Urbanismo, Sumários*, Lisboa, 1993

Andrade, José Carlos Vieira de, *Direito Administrativo e Fiscal*, policopiados, Coimbra, 1997

Avril, Bertrand et. al., *Reconstruire la Ville sur la Ville*, ADEF, Paris. 1998

Baillain, R. et al., Sites Urbains en Mutation, Editora L'Harmata, Paris, 1990

Bersani, Catherine et. al., *Qui Doit Payer la Ville*, ADEF, Paris, 1996

Brás, Celso, *Expropriação por Utilidade Pública* – Projecto fc, Universidade de Aveiro/ DAO, Aveiro, 1993

Campos, Diogo Leite, *Fiscalidade do Urbanismo*, in *Direito do Urbanismo*, INA, 1989

Campos, Victor, *Negociação Urbanística, Modernização Administrativa e Licenciamento Municipal*, LNEC, Lisboa, 1993

Canotilho, J. J. Gomes / Moreira, Vital, *Constituição da República Portuguesa Anotada*, 3.ª edição, 1993

Cardoso, António José Magalhães, *Gestão Territorial*, Coimbra, 2001

Carvalho, Jorge (2001), "Ordenar a Cidade" (tese de doutoramento espera publicação)

Carvalho, Jorge e Oiveira, Fernanda Paula (1997), *Estudos base para a elaboração de um Regulamento urbanístico de taxas para o Município de Aveiro*, 1997.

Carvalho, Jorge et. al., Projecto *Praxis XXI/PCSH/AUR/141/96*, 1999

Carvalho, Jorge, *Parecer sobre o Ante-Projecto da LBOT*, 1997.

Carvalho, Jorge/ Oliveira, Fernanda Paula, *Breve Reflexão sobre Taxas Urbanísticas em Portugal*, Coimbra, CEFA, 1998.

Caupers, João, "Estado do Direito, Ordenamento do Território e Direito da Propriedade", in *Revista Jurídica do Urbanismo e do Ambiente*, 1995

Centro de Estudos Geográficos/UL, 'Cidades Médias, Imagem, Quotidiano e Novas Urbanidades', DGOTDU, Lisboa, 1998

Chalas, Yves, *Les Figures de la Ville Émergente*, 1995

Comby, Joseph e Renard, Vincent, *Les Politiques Foncières*, Presses Universitaires de France, Paris, 1996

Comissão das Comunidades Europeias, *Livro Verde Sobre o Ambiente*, 1990

Conferência Permanente dos Poderes Locais e Regionais da Europa – CPLRE, *Carta Urbana Europeia*, Estrasburgo, 1992

Conselho Europeu de Urbanistas, *A Nova Carta de Atenas*, Atenas, 1998

Cordeiro, António, *A Protecção de Terceiros em Face de Decisões Urbanísticas'* Almedina, Coimbra, 1995

Correia, Fernando Alves Correia, "A Execução dos Planos Directores Municipais. Algumas Questões", in *Revista Jurídica do Urbanismo e do Ambiente*, N.º 3, 1995

Correia, Fernando Alves, *As Grandes Linhas da Recente Reforma do Direito do Urbanismo Português*, Coimbra, Almedina, 1993

Correia, Fernando Alves, *Estudos de Direito do Urbanismo*, Coimbra, Almedina, 1997

Correia, Fernando Alves, *Manual de Direito do Urbanismo*, Vol I, Coimbra, Almedina, 2001

Correia, Fernando Alves, *O Plano Urbanístico e o Princípio da Igualdade*, Coimbra, Almedina

Costa Cardoso da, *Curso de Direito Fiscal*, 2.ª edição, Coimbra, 1972

Costa, Pereira da, *Direito dos Solos e da Construção*, Livraria Minho, 2000

Cunha, Paulo Pitta e /Basto, Xavier de / Xavier, Lobo, *Conceitos de Taxa e Imposto*, in Fisco, Ano 5, N.º 52/53, 1993

DGOTDU, *Sistema Urbano Nacional: Cidades Médias e Dinâmicas Territoriais* – Vol. I e II, Lisboa, 1997

Dosière, René, *La Fiscalité Locale*, Presses Universitaires de France, Paris, 1996

Ferreira, Eduardo Paz, *Ainda a Propósito da Distinção entre Impostos e Taxas: o Caso da Taxa Municipal Devida pela Realização de Infra-estruturas Urbanísticas*, in Ciência e Técnica Fiscal, N.º 380, 1995

Fortuna, Carlos *et. al.*, *Cidade, Cultura e Globalização*, Celta Editora, Oeiras, 1997

Franco, Sousa, *Finanças Públicas e Direito Financeiro*, Vol. II, 4.ª Edição

GAPTEC/ Universidade Técnica de Lisboa e Secretaria de Estado dos Assuntos Fiscais/Ministério das Finanças, *Contribuição Autárquica. Impostos de Sisa, Sucessões e Doações e Mais Valias*, coordenação de Sidónio Pardal, Lisboa, 1996

Gaspar, Maria do Rosário, *Expropriação por Utilidade Pública no Âmbito da Produção de Solo Urbanizado* – Projecto fc, , Departamento de Ambiente e Ordenamento/ /UA , Aveiro, 1993

Anexo C – *Bibliografia*

Gomes, Nuno Sá, *Alguns Aspectos Jurídicos e Económicos Controversos da Sobretributação Imobiliária no Sistema Fiscal Português*, in Ciência e Técnica Fiscal, N.º 386, 1997

Gomes, Osvaldo, *Manual dos Loteamentos Urbanos*, Coimbra, Coimbra Editora, 1983

Gonçalves, Fernando, "Evolução Histórica do Direito do Urbanismo em Portugal (1851-1988)," in *Direito do Urbanismo*, INA, 1989

Gonçalves, Fernando, *Sistematização e Informatização da Legislação Urbanística Portuguesa*, LNEC, Lisboa, 1994

Gueangant, Alain, *Les Coûts de la Croissance Périurbanie*, ADEF, Paris, 1992

Hall, Peter, *Ciudades del Mañana*, Ediciones del Serbal, Barcelona, 1996

Hall, Tim, *Urban Geography*, Routledge, London, 1998

Kaufmann, Vincent, *Mobilité. Quotidienne et Dynamiques Urbaines*, Presses Universitaires, Lausanne, 2000

Lobo, Isabel Sousa, *Construção não Formal – Contribuição para uma Análise Quantitativa a Nível Regional*, NEUR/ IACEP, 1986

Lobo, Margarida Souza, 'Planos de Urbanização. A Época de Duarte Pacheco', Faculdade de Arquitectura da Universidade do Porto, Porto, 1995

Lynch, Kevin, *A Boa Forma de Cidade*, Edições 70, Lisboa, 1999

Marcos, Afonso, *As Taxas Municipais e o Princípio da Legalidade Fiscal*, in Fisco, N.º 74/75

Marques, João, *Localização do Crescimento (Recente) da Cidade de Aveiro e os Seus Elementos Estruturantes* – Projecto fc, Universidade de Aveiro/DAO, Aveiro, 1999

Martinez, Soares, *Direito Fiscal*, 7.ª edição

Mendes, M. Filomena et. al., *O Desenvolvimento Urbano das Cidades Médias e a Articulação Territorial com o Mundo Rural – O Caso de Évora*, Universidade de Évora, Évora, 1998

Mesquita, Paulo, *Custo das novas áreas residenciais da cidade de Aveiro*, Projecto fc, Universidade de Aveiro/DAO, Aveiro, 1999

Morais, Maria da Conceição, *O Crescimento Referenciado aos Actos (ou à falta deles) de Licenciamento (de Loteamento e Construção)* – Projecto fc, Universidade de Aveiro /DAO , Aveiro, 1996

Nabais, Casalta, *O Quadro Jurídico das Finanças Locais em Portugal*, in Fisco, Ano IX, N.º 82/83, 1997

Nabais, Casalta," Fiscalidade do Urbanismo", in *Ciclo de Colóquios "O Direito do Urbanismo do Sec. XXI,* Coimbra, Almedina, 2001

Oliveira, Fernanda Paula, *Sistemas e Instrumentos de Execução dos Planos*, Cadernos do CEDOUA, Coimbra, Almedina, 2001

Pinto, Carlos, *Urbanismo Comercial e Planeamento Territorial. Instrumentos de Actuação*, in Revista Sociedade e Território n.º 17, 1992

Piron, Oliver et. al., *Les Associations Foncièrs*, ADEF, Paris, 1998

Renard, Vincent, *Criteries de Choix des Impôts Locaux Assis sur la Propriéte Foncière et Immobilière'* in *Seminário: A Problemática da Tributação Local*, CCRC, Coimbra, 1998

Ribeiro, Teixeira, "Noção Jurídica de Taxa", in *Revista de Legislação e Jurisprudência*, Ano 117, N.º 3727,

Rodrigues, Benjamim, "Para uma Reforma do Sistema Financeiro e Fiscal do Urbanismo em Portugal", in *Ciclo de Colóquios "O Direito do Urbanismo do Sec. XXI,* Coimbra, Almedina, 2001

Roncayolo, Marcel, *La Ville et ses Territoires*, Gallimard, Paris, 1990

Sanches, Saldanha, "A Reforma da Tributação Predial" in *Encontro sobre Financiamento da Urbanização e Fiscalidade Urbanística*, AD URBEM, Lisboa, 1996

Silva, Jorge et. al., *Taxa Municipal de Urbanização*, Câmara Municipal de Almada e CESUR, Lisboa, 1990

Sociedade Portuguesa de Urbanistas, *Parecer sobre o Ante-Projecto da LBOT*, 1997

Taxa Municipal de Infraestruturas, Estudo Sobre a sua Aplicação em Alguns Concelhos da Região Norte, Ministério do Planeamento e da Administração do Território, Comissão de Coordenação da Região Norte, responsabilidade técnica de António Babo

Wiel, Marc; *La Transition Urbaine*, Pierre Mardaga, Sprimont (Belgique), 1999